法尔科尼管理方法
引领企业成长的真正力量

[巴西] 维森特·法尔科尼 著
（Vicente Falconi）
李兴华 王嘉仪 王梦琦 译 宋思勤 审定

TRUE POWER

华夏出版社
HUAXIA PUBLISHING HOUSE

图书在版编目（CIP）数据

法尔科尼管理方法：引领企业成长的真正力量 / (巴西)维森特·法尔科尼（Vicente Falconi）著；李兴华、王嘉仪、王梦琦译. -- 北京：华夏出版社，2018.2

书名原文：True Power

ISBN 978-7-5080-9371-0

Ⅰ. ①法… Ⅱ. ①维… ②李… ③王… ④王… Ⅲ. ①企业管理 Ⅳ. ① F272

中国版本图书馆 CIP 数据核字（2017）第 286105 号

Copyright © 2010 by VICENTE FALCONI CAMPOS
版权所有，翻印必究。
北京市版权局著作权登记号：图字 01-2017-8064 号

法尔科尼管理方法：引领企业成长的真正力量

作　　者	[巴西] 维森特·法尔科尼
译　　者	李兴华　王嘉仪　王梦琦
策　　划	陶　鹏
责任编辑	魏　霞
出版发行	华夏出版社
经　　销	新华书店
印　　刷	三河市万龙印装有限公司
装　　订	三河市万龙印装有限公司
版　　次	2018 年 2 月北京第 1 版 2018 年 2 月北京第 1 次印刷
开　　本	880mm×1230mm　1/32
印　　张	7
字　　数	100 千字
定　　价	49.00 元

华夏出版社　地址：北京市东直门外香河园北里 4 号　邮编：100028
　　　　　　网址：www.hxph.com.cn　电话：（010）64618981

若发现本版图书有印装质量问题，请与我社营销中心联系调换。

目 录

推荐序一 // V

推荐序二 // VII

推荐序三 // XI

自　序 // XV

导　读 // XXI

抽签法 // XXIII

第一部分　管理的基本要素

第一章　管理的焦点 // 3

　　我们为什么会失败 // 3

　　聚焦于组织 // 4

　　关键财务绩效指标 // 11

　　组织要点 // 13

第二章　成功的要素 // 19

创建领导力体系 // 20

积累技术性知识 // 30

概念介绍：方法 // 31

甄别经理与总监人选 // 33

第三章　管理方法与管理系统 // 37

管理即解决问题 // 37

管理方法 // 39

系统思维 // 42

管理系统 // 45

管理系统的深化 // 48

第四章　组织绩效 // 51

绩效层次与绩效需求 // 52

目标即管理焦点 // 56

所有问题都是战略问题 // 59

领导力、挑战与创新 // 60

怎样设定目标 // 62

功能管理与部门管理 // 66

第二部分　管理方法

第五章　**系统分析** // 73

　　获取知识与拓宽知识 // 74

　　关于"目标"概念 // 76

　　关于分析与综合的概念 // 77

　　通过模型进行目标分析 // 79

　　规划过程 // 81

第六章　**如何进行分析** // 85

　　一般分析方法 // 86

　　功能分析 // 88

　　现象分析 // 93

　　过程分析 // 102

　　分析经验值 // 113

　　事实收集与数据收集项目 // 114

　　未来分析 // 115

第七章　**如何让人参与到分析之中** // 117

　　以目标为中心的方法 // 118

　　一个好的展示：影响成败 // 120

第八章　**公司如何改进** // 125

　　改变是正常的 // 125

改进机制 // 127

处理成本 // 130

处理动用资本 // 135

处理收益 // 137

执行的重要性 // 138

核查的重要性 // 140

第九章 如何运用稳定结果 // 143

类比于人类身体 // 143

日常管理注意事项 // 144

质量保证标准 // 145

日常管理诊断 // 146

第三部分 管理的智慧

第十章 管理组织中的知识获取 // 155

公司中的管理和学习 // 156

组织里的学习过程 // 158

知识管理 // 165

结　语 // 167

附录　目标模型 // 171

致　谢 // 195

推荐序一

《法尔科尼管理方法》是一本关于"现实世界"的书。在现实的世界中,我们努力拼搏以实现目标并改进绩效。

本书是关于管理、方法及制度约束的实用手册。在过去十五年间,我见证了书中的方法在指导人们取得持续成功上的有效性。在职业生涯的初期我就采纳了书中的方法,并且至今仍在运用该方法。

《法尔科尼管理方法》是法尔科尼教授对自己多年来与优秀企业共事的经验所做的一次总结,对于高绩效的管理者来说是一本必读书。这本书指出,从本质上来说,管理者应持续努力去解决那些"好问题"。所谓"问题",是由于当前绩效水平与理想水平之间存在差距而产生的。当我们开始着手去弥合这个差距时,我们会设定目标,制订行动计划并执行。如果达到了预期的结果,则重复上面的步骤。如果没有达到预期结果,则需调整行动计划。当我们成功弥合了一个差距,还会产生新的差距。管理就是不断

地识别与弥合差距。同时,《法尔科尼管理方法》还是一本关于如何在组织中创建并固化管理流程以创造高绩效文化的手册,这听起来很简单,事实上也是如此,但需要企业高度自律,并持之以恒地予以贯彻执行。

我们这些高级管理者将制度约束看作一个十分重要的因素,领导者应该要求并激励他们的员工运用"方法"来避免试错,有效率地弥合理想与现实水平的差距。并且,应在组织中推行纪律约束,使"方法"成为一种生活方式,以确保识别差距—弥合差距的良性循环得以实现。法尔科尼教授的"方法"结合了理论与实践,《法尔科尼管理方法》是促使公司不断迈向新的发展阶段的强大工具。

我与法尔科尼教授结识多年。我称他为"巨匠"或大师。他是少数几个能够从那似乎无穷无尽的管理技巧中提炼出本质的人,他将这些技巧转化为最简单的形式,最后形成一本基础性的、循序渐进的手册,来说明怎样在公司里打造高绩效的文化。法尔科尼教授崇尚简单与高效,本书正是其个人哲学的佐证。

卡洛斯·布里托,百威英博首席执行官
2009 年 10 月

推荐序二

管理的真相从未走远

如果你经常参加各类管理论坛,甚至可能会厌恶这样的开场方式——我们正处在一个 VUCA 时代,易变性、不确定性、复杂性、模糊性……

处在这个所谓的移动互联网时代,数千年未有之大变局,我们总是看到这样的论断:"现在是剧变时代""过去的做法已不再适用""重新定义一切"……《日本经济新闻》也这样写道——"我们感觉日本经济已经进入了一个前途不明的时代。现在正是动荡时期,这种认知很重要。过去的做法已不再适用,时代要求管理者必须拥有大刀阔斧地告别过去成功经验的果敢态度"——是不是跟中国的情形很像?

但是,且慢。

实际上,《日本经济新闻》的这段文字出现在半个多世纪前的

1964年,而据我读过的资料,VUCA一词早在20世纪80年代初就出现了,英特尔前总裁格鲁夫开会时就采用过类似的说法。也就是说,不是只有我们这代人处在VUCA时代,我们不是唯一独特的。日本学者楠木建感慨,似乎每代人都习惯于放大当下的与众不同,总要推倒重来。

我们对一个时代的感受,往往与真相无关,而是与认知的情绪有关。这种情绪又容易被媒体舆论及其所掀起的社会思潮所裹挟。但这一轮对管理新知的焦虑,恐怕真正值得焦虑的也就是焦虑本身而已。

"现象在变,核心却未变"才是真的。就像我们看到汇率、股价每天都在变,新的市场和技术不断出现又消失,消失后又出现。就这个层面而言,动荡是存在的,然而,现象背后的逻辑却并不那么容易改变。如果我们的管理者总是围着每天变化的现象转,就会变得"乱花渐欲迷人眼",难以采取有效的行动。

只要稍微走进现实世界,看看大多数中国企业的现状和管理水平,就会发现我们真正需要的不是管理创新,更不是颠覆管理,而是基础管理。究竟有多少企业的商业成功,真正是那些所谓的前沿管理理论的实践结果?反倒是像华为这样的大公司,在管理实践面前始终保有一份务实求真,扎扎实实向西方学习,学成几千亿年营收的规模,就像任正非所言,"汽车首先必须是汽车,金融必须首先是金融,豆腐必须是豆腐……"

不客气地说,媒体口径下的管理学,本质上更像一个"时装"

行业，要不断制造一些流行的时尚，《哈佛商业评论》就是世界上最著名的"T型台"。企业管理者消费这些管理时尚也如同穿衣服，跟不上时尚潮流就会被人说成老土，但衣服的好坏与身体健康与否没有必然联系，健康与饮食、锻炼和生活习惯相关，而这才是管理者的"硬功夫"。

所幸的是，本书谈的就是这些硬功夫。没有花拳绣腿，只有马步蹲当；没有时髦的概念，只有老实的做法。用作者法尔科尼教授的话说，"只有通过日常管理稳定运营，公司的改进才能永久"，"卓越的日常管理是公司表现非凡的基础"。在充斥着各类浮躁的管理新趋势的论调下，这样一本书就像是一股清流，读来清冽、解渴。

本书关注的是那些不会过时的、可靠的管理方法。作者直接挑明：实现目标的方法并非多种多样，只有唯一一种，即笛卡儿于1600年左右提出的方法——①不承认任何事物为真，除非知道它确实为真；②可将要研究的复杂问题尽量分解为多个比较简单的小问题，逐个解决；③将问题从简单到复杂排列，从最简单的问题入手；④反复检查问题，确认是否有遗漏。也许每家咨询服务机构对"管理系统"都有自己的理解方式，但由于管理系统是以单一的管理方法为基础的，因此只会存在一种管理系统。

道不远人。实际上，管理并不复杂，否则就只能指望天才的成功。当抽离掉所有修辞学的辞藻，管理也可以回归到最朴素、最关切的函数关系上，哪些是因变量、自变量，中间的原委又如何，经由彻底的分析往往就能搞清状况。就像法尔科尼所说的："不要被那些似乎能让事情听起来更好的首字母缩略词和标签所欺骗，要用冷静的头脑去判断。"

什么是真正的力量？"分析能力、知识以及具有创造性的领导力，这三个因素构成了真正的力量"，法尔科尼认为，"就其自身而言，知识并不创造价值。价值是在应用知识设计行动计划，再由领导力确保计划执行时创造出来的"。

这本书由和君出版还有一个特殊意义，就是得遇巴西的法尔科尼教授，如觅知音。和君作为本土规模最大的咨询机构之一，很早就明确提出了公司的愿景，是在为客户提供思想、知识、方法和方案的过程中，成为知识创新和商学思想的策源地，有朝一日在世界商学流派中造就一个和君学派。而法尔科尼教授及其创办的咨询公司也长期为企业提供服务，例如陪伴百威英博公司一路成长，本书是他对自己多年来与优秀企业共事的经验所做的一次总结，颇具原创性和思想性。法尔科尼教授走过的路，也是我们正在走的。

在我看来，这本书对管理实践者大有裨益，但是知易行难、行胜于言。就像法尔科尼谈到的，人们可能马上会说："我知道了这个方法！"但问题是，要想把它应用到组织中所有人的日常工作中去，就是一个要花费许多年来完成的学习之旅了！

丛龙峰，和君商学首席管理学家

于上海，2017 年 11 月

推荐序三

左手投资，右手管理

3G资本突然在中国火了！小到个人朋友圈，大到各种峰会，人人说3G资本，个个谈如何赋能。一家此前非常低调的巴西资本机构，随着两本相关图书在国内的翻译出版，逐渐被业界所熟知。我们有幸参与了其中之一《赋能式投资》的策划出版。在这本书中，我们率先把3G资本的这种投资模式称为"赋能式投资"。随着学习3G资本热潮的深入，很多资本界和产业界的朋友找到我们交流赋能式投资，希望进一步研讨这种投资模式的内涵和外延。为此，我们专门开办了两期"赋能式投资研习社"，与多位上市公司董事长、高成长企业创始人和资本机构领袖共同学习和研讨这个主题。

经过一年多的学习，我们对一些问题更加明确了。

第一，赋能式投资的本质还是价值投资。买股票就是买企资

首先需要对企业价值有深刻的理解,进而准确识别和发现企业价值。在这个理念的指引下,投资最重要的事就是锚定产业,找到长长的雪道和厚厚的雪,然后持续不断地滚雪球。对于3G资本而言,通过时间和经验的层层筛选,最终锚定了食品饮料这个大空间、高毛利、弱周期的赛道发力,这是成功的起点。

第二,赋能式投资是价值投资的延伸。赋能式投资的另一个关键词是"赋能",即以"融资+并购+管理"这条主线入手去"赋能"企业,提升企业价值。这一类工作很多投资机构都想做或正在做,但是做得并不好。事实证明,从经营切入投资易,从投资切入经营难。不过,3G资本的成长路径证明了世界上还是有从投资并购切入企业经营的成功案例。难在哪?首先难在附着于产业之上的赋能技术。3G资本经过长期探索,在食品饮料领域发展出了一套与之相匹配的融投管方法,能够通过并购协同和管理提升的方式有效释放企业的运营效率,提升企业投资回报率。为什么投资并购失败的多?很重要的一个原因就是进入一个不熟悉的产业,之前的经验和技术全部失效,最后导致并购效果不佳。其次难在思维方式和性格取向。技术相对好学,思维性格难改。从投资起家的人习惯短平快,很难去习惯实业的长久慢。能跳出者,人中龙凤。3G资本的成功,从表面上看是商业的成功,实际是巴西三雄个人修为和团队组合的成功。

第三,要想真正做好赋能式投资,必须"投资+赋能"两手抓，两手都要硬。巴菲特说过，因为我是一个好的投资者，所以我是一个好的经营者；因为我是一个好的经营者，所以我是一个好的投资者。这句话翻译成大白话就是，一个CEO最重要的两项工作，第一是高效管理经营活动，第二是配置从经营活动中产生的现金流。大多数CEO偏向第一类工作，亦有少数CEO偏向第二项工作，而3G资本是少数将这两项工作结合得比较好的投资机构。

我们认为，不同从业背景的机构在探索赋能式投资的道路上有着不同的路径：以企业经营起家的机构，应更多地去学习资本配置的内容；以投资起家的机构，应更多地去学习经营管理的内容。只有经过数十年的磨炼，打通资本配置与经营管理的任督二脉，才能真正做好赋能式投资，见证企业价值增长之美。

研究3G资本打通资本配置与经营管理任督二脉的过程，核心是研究他们从布哈马啤酒到百威英博的这段历程。研究这段历史，离不开一位叫作法尔科尼的教授。法尔科尼老先生目前是巴西最著名的咨询顾问，他在管理领域是巴西三雄的老师，帮助他们在布哈马啤酒建构了一套高效的运营管理体系，这是之后巴西三雄持续成功并购的重要保障。本书是老先生核心管理方法三部曲之一，深入阐述了他倡导的管理方法。老先生认为，企业经营管理实践中存在两大核心问题，一是界定何谓恰当的目标或正确的问题，二是找到正确解决问题、实现目标的办法，并通过持续改进，

沉淀为高效运营的系统性做法。前者即做正确的事,后者即正确地做事。其中道理说起来简单,实践起来难,哪家企业能持续做到,则必蓬勃发展乃至基业长青。本书之妙正在于通过法尔科尼教授的实践性思考,将此两大问题以极为落地的方式呈现为一种可实操的"方法",从而生发出真正的力量。之前的两本书让大家走进了3G资本,了解了赋能式投资的故事。本书将为我们揭示赋能式投资落地的具体方法,值得每一位希望探索赋能式投资的同仁认真研读。

十九大报告指出,我国经济已由高速增长阶段转向高质量发展阶段,正处在转变发展方式、优化经济结构、转换增长动力的攻关期。在探索资本如何更好地服务实体经济,帮助经济向高质量发展阶段转型方面,法尔科尼先生帮助3G资本做出了很多有益探索。从这个意义上说,法尔科尼管理方法特别适用于走进新时代中国特色社会主义的企业。

衷心祝愿不久的将来能出现中国版的3G资本,帮助更多的中国好企业从优秀走向卓越,助力中华民族的伟大复兴!

和君资本合伙人 新生资本董事长　宋思勤
和君资本合伙人 新生资本副总经理　吴亮

自　序

　　怀着想要分享关于建设一个卓越组织所需的主要的、决定性因素的迫切意愿，我写下了这本书。我试图去总结过去15年中观察和学习到的一切。作为一名管理方法咨询顾问，我拥有加入多家大型公司董事会的独特机会，这些经历让我学到了很多书本以外的知识。同时我也参与了诸如国家危机管理之类的政府实践，这使我获得了新的体悟，希望分享给他人。我相信企业家和政府官员将在本书中发现一些对公司和国家发展具有极大促进作用的概念和观点。

　　本书强调理解"管理方法"与"管理系统"这两个概念的重要性，它试图帮助读者免受人们赋予管理方法的众多商业名称所惑，聚焦于方法本身。实现目标的方法并非多种多样，只有唯

一一种,即笛卡儿于1600年左右提出的方法[①]。咨询顾问也许会强调某一点的重要性超过其他内容,也许在分析时会更精细些或者更粗略些,但这并不意味着他们使用了不同的方法。这个逻辑同样也适用于"管理系统"的概念:也许每家咨询服务机构对"管理系统"都有自己的理解方式,但由于管理系统是以单一的管理方法为基础的,因此只会存在一种管理系统。咨询顾问根据自己对于管理系统的理解开发出不同的模型,但其中绝大多数都无法通过系统基本概念的一致性检验。只有少数人理解了系统。

公司由人及其他资源组成,当公司想要做出改进时,就会产生学习曲线。为了培育出优秀的公司,必须理解和掌握学习曲线。优秀的公司是由优秀的人和高绩效文化成就的。

我常常听到这种说法:"信息就是力量!"我对此持怀疑态度。公司和政府的电脑中存储着海量信息,但管理层却不知道该怎样运用。另外,每个人都可以通过互联网或其他媒介获取大量有价值的信息。我认为真正的力量来自通过分析信息所得到的知识。只有通过分析才能知道真正能够极大地影响决策、确保获得经营成果的因素是什么。因此我们也许应该这样说:"分析能力、

[①] 笛卡儿于1637年发表《谈谈方法》一书,着重论述了他的方法论思想。其中提出了四点内容:1.不承认任何事物为真,除非我知道它确实为真。2.可将要研究的复杂问题尽量分解为多个比较简单的小问题,逐个解决。3.将问题从简单到复杂排列,从最简单的问题入手。4.反复检查问题,确认是否有遗漏。——译者注

自 序

知识以及具有创造性的领导力,这三个因素构成了真正的力量。"

就其自身而言,知识并不创造价值。价值是在应用知识设计行动计划,再由领导力确保计划执行时创造出来的。

20世纪80年代,日本人把为管理目的而进行分析实践的理念介绍到了巴西。那时尚未发生信息革命,"品管七大手法"足以应对当时的管理问题,我们在实践中大量使用了该工具。自那时起,全世界在信息层面发生了巨大的变化,现在有互联网、谷歌、电子邮件、企业资源计划(ERP)和统计软件,而信息存储、宽带、数字电视、移动电话、光缆、表格处理软件、无线网络、数码图片、液晶显示屏及其他许多新发明的成本也都在不断降低,我们这些目前担任公司管理职务的人在1995年以前就从学校毕业了,缺乏相应的敏感度来充分把握当前时代的所有可能性。在1995年到2005年之间新事物纷纷问世,而我们中有许多人还没能掌握这些新资源,没有感知到信息时代新工具的潜能,没能意识到整合运用各种工具所能达到的目标。你清楚表格处理软件所有的用法吗?我不清楚。然而年轻人清楚,年轻人是使用着这些伟大的发明成长起来的。计算机科学正在极大地改变着管理实践(但没有改变管理方法)。

本书试图表达以下观点:第一,尽管技术高速发展也许会使信息时代的变化延续下去,但"方法"仍是不变的,从1600年至今一直如此,已知范围内尚未发现能够替代它的理念。第二,正

如人的因素仍然是组织获得成功的主要手段,当前的"管理系统"也将长期存在。第三,组织需要通过人来获得成功。从这三个方面来看,事实上并没有发生任何变化。

最后,我希望读者能够理解,没有人能够仅仅通过一次阅读就把握文中提到的所有概念与技巧,我们需要花时间去学习。而最好的学习方式就是实践。

我为自己无法将本书内容做更进一步的简化而致歉。在此引用居安·维加拉(曾任百威英博总监,我的朋友以及本书的修订者之一)的一段话:

> 我曾在许多会议上听到大家讨论关于目标、日常工作、变量、原因、分层、现象、方法、离差……而我似乎什么都不懂。我觉得这些都太复杂了。"外面正在上演着真实事件,而我却在这里听着成堆的理论空话。"回顾那个时期,我所谓的对于方法的"抗拒",很可能只是出于对承认自己无知的恐惧。在读完本书第六章后,我不仅理解了所有那些复杂的专业术语,也掌握了管理方法和书中推荐的大量工具。究竟是什么促使我掌握了术语和模型呢?是因为(加强语气)实践。从初次听到这些术语直到现在,我一直没有停止深入地学习管理方法。弄清楚实践的重要性之后我想说:文本资料会在某些时刻变得令人生畏吗?我认为确实是这样的,如果文本

自 序

资料未经通俗易懂的实例简化（如本书第六章后半部分）就开始使用复杂的专业术语，会让人感到压力倍增。如果读者是"来自上个世纪的家伙"的话（即便不是绝大多数，也会有相当一部分），他们应当提前知道，在某些时刻（批评的语气），文本资料可能会令你感到恐惧，但如果能够以开放、坦率的态度来面对恐惧感，不将其视为障碍，而是转化为学习的动力，那么读者就会掌握得更好。

本书销售所得全部捐赠给"鼓励、支持及识别人才"社会研究院（ISMART，www.ismart.org.br），该研究院旨在资助有需要的高智商儿童接受高质量教育。我坚信知识是解放人类、组织及社会的工具。而这唯有通过人类自身的努力来实现。

维森特·法尔科尼

2009 年 8 月 1 日于巴西贝洛奥里藏特

导 读

下图为本书的阅读指南。

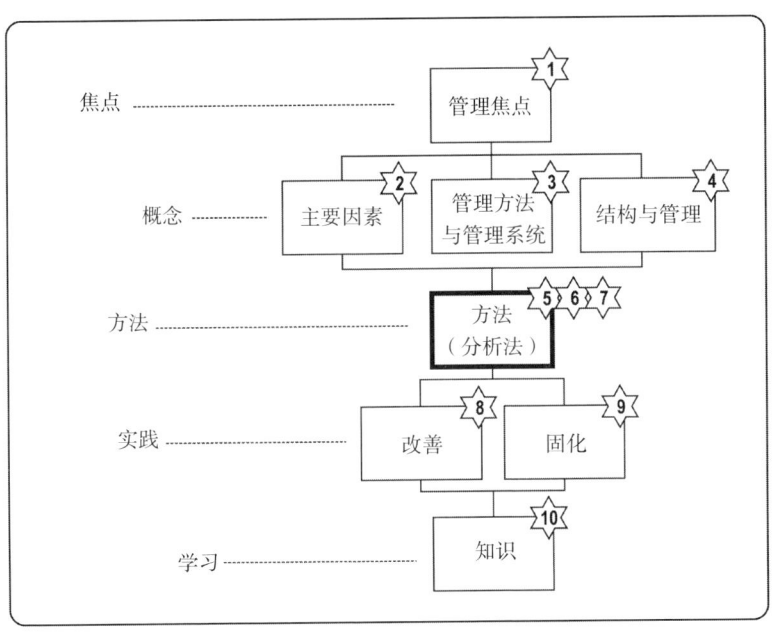

实践中人们有时会对管理的焦点产生误解,第一章就这个概

念进行了讨论。"管理方法"与其他多个因素存在千丝万缕的联系，其后的三章为我们探究管理方法奠定了概念基础。接着，本书将带领读者进一步加深对管理方法的理解，尤其强调了在当前信息时代里非常重要的信息分析实践的内容。以管理方法为基础，我们致力于改善组织的财务业绩，而如果没有通过极致的日常工作管理体系来将组织的成果固化，则组织改进就无法实现。本书的结尾部分指出，在实践管理方法的过程中，会获取新的知识，应当管理知识积累的过程，使知识对组织发挥积极影响。

抽签法

由于在许多不同组织中担任管理咨询顾问,我留意到组织在进行自我改善时,往往由于缺少学习而遇到种种困难。在我看来人们似乎并不是十分热衷于阅读。

为了克服缺少学习导致的困难,我推荐一种我们称之为"抽签法"的集体学习方法。具体操作过程是这样的:

1. 组建一个不超过 6 人的学习小组(且不少于 4 人)。

2. 在每周同一个工作日的同一时间,安排时长为 2 小时的集体会议(如每周三下午 4 点)。

3. 会议室内需备有投影设备,以便展示书中的数据和图表(本书中全部图表和数据可在 www.falconi.com/wp-content/uploads/2013/05/Figuras_True_Power.pdf 下载)。还要准备一只碗,碗中盛有写着所有参会者姓名的纸条。

4. 全体成员每周学习一个章节(考虑到本书的具体情况,建议将第六章分为两个部分,每个部分安排一周的学习时间)。每周

开会时抽签来决定当天的演讲者,由这个人来为其他人讲解本周学习的章节。由于所有成员都需要学习相应内容,为可能抽到的讲解工作做准备,此时进行的学习讨论通常会非常有意义。

5. 如果抽到的演讲者没有完成本周的学习任务,则将会议延期举行。届时仍由上一次未完成任务的演讲者进行讲解,无须再次抽签,亦不接受自愿报名。该方法的有效性取决于所有成员对于完成任务所做出的承诺。

6. 抽签后,仍要将写有姓名的纸条放回抽签碗中。本周刚刚完成了讲解的参会者在下一周仍有可能被再次抽到。

这个方法非常有效。我们也许对阅读本身兴趣不大,但都乐于参与集体作业。

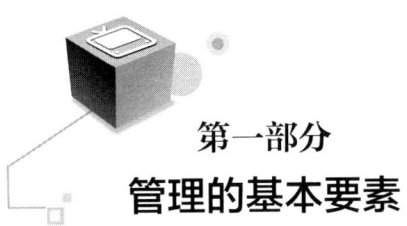

第一部分
管理的基本要素

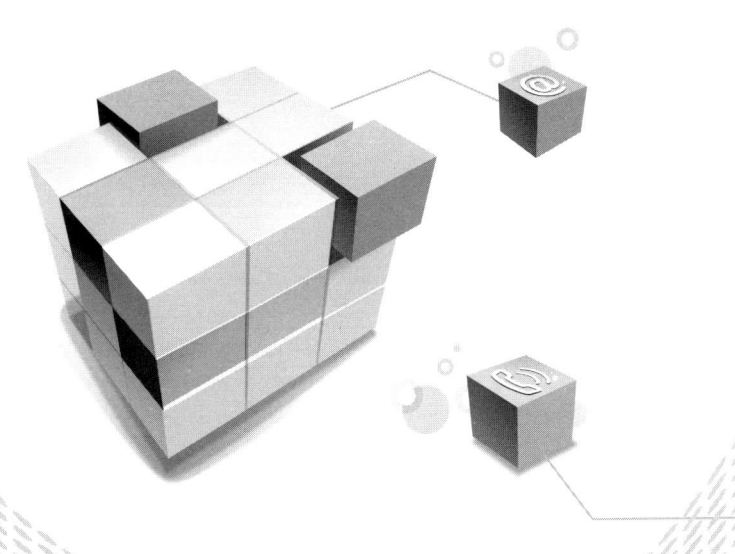

第一章　管理的焦点

管理的对象必须是能够被测量的事物。

——石川馨[①]

我们为什么会失败

我们都期待组织获得成功——无论它是学校、医院、地方政府、公司还是联邦政府——组织成功使我们感到喜悦和满足。众所周知,取得成就是获得满足感最重要的途径之一。

既然如此,为什么我们还会失败呢?

我们之所以会失败,原因有以下几点:

(1)没有设定正确的目标(或没有准确地定义问题)。

(2)由于不熟悉分析方法,或者缺少获得必要信息的途

[①] 石川馨(1915—1989),20世纪60年代初期日本"质量圈"运动中的关键人物。在日本外最为人熟知的是提出了石川图(也称因果图、鱼骨图)。——译者注

径（如缺少技术知识），没能制订出完善的行动计划。

（3）没有按时完整地执行行动计划。

（4）不可控的外部环境因素。

本书是为组织中的领导者而写的，意在阐述避免失败、实现组织成功并最终获得成功喜悦的种种方法，并指出如何在我们的权限范围内运作以避免失败。

聚焦于组织

从本质上来讲，管理关注的是结果，是组织的终极使命，即"满足全人类的需要"。满足需要是每个私人组织和公共组织的共同目标。组织所面临的重大问题均是源于缺少达到以上目标的能力。组织的目标由被统称为利益相关者的四个群体所构成，即客户、员工、股东和社会。组织能否长期生存，取决于它是否能够同时满足这四个群体的需要（有时这些需要之间是相互矛盾的）。而组织的财务绩效指标是一个有效的衡量标准，它表明我们在完成这个任务上的效率如何，同时它也是股东满意度的衡量标准。财务健康是必要的，否则组织将无法生存下去。一旦财务指标达到标准，组织应创设和调整相关流程，使其与那些关乎客户满意度、员工满意度和社会满意度的关键绩效指标相匹配，如图1-1所示。此外,财务指标使我们能够将所有其他目标转化为单一测量单位,以便我们将不同的目标进行比较,从而更清晰地确定重点。

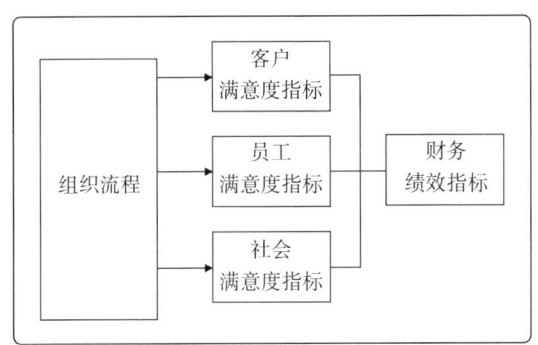

图1-1 组织关键绩效指标模型

我相信不仅对于公司而言,即使对于政府部门甚至对教堂来说,财务都是首要的问题。如果不经过交换人类劳动以创造收入的过程,组织将无法生存。一些政府人员经常说政府的目标是非营利性的,他们想说财务指标并不重要。但如果问任何一位官员,对拥有更多资源用以投资是否感兴趣,答案一定是肯定的。所以才有诸如"可投资预算百分比"之类的财务指标,并且我们还致力于通过降低成本和避税来尽可能地提升该指标数值。这与私人部门的"息税折旧摊销前利润"(EBITDA)并无差别。

另一个错误观点是政府不应该关心生产力。支持该观点的人不知道生产力的定义就是"以更少投入实现更高产出"。政府是为国民服务的组织,像公司一样也需要被管理。在组织运作的各个层面上都应将以上四个指标纳入考量，这就是说，组织完成每个活动时都应考虑财务焦点、客户焦点、员工焦点和社会焦点。这种理想的状况很少发生，但组织应当以这样的方式运作。

财务焦点　在组织基层管理中往往会忽视财务指标。比如，在钢厂工作的工人很可能对于钢铁生产过程中所使用的某类合金的每千克单价并不清楚，因此工人们无法意识到在称重和原料储存过程中对精确性的需要。这就是所有实物指标都应附有货币价值指标的原因，管理者通过该方法来提升管理人员和技术团队对于财务焦点的意识。

　　某家公司正在开展一些削减成本的项目。当货币汇率发生变化，市场对产品的需求突然大幅度上升时，以财务观点来看，此时应当考虑启动那些能够提升设备整体效率、实现增产的项目。在该情况下，产量提升带来的收益可能要比削减成本带来的收益更为可观。应当要求公司的审计人员密切参与到该类问题中来，对每个项目进行评估。然而，我还是看到有人在衰退的市场环境中努力推进生产效率提升类的项目。

销售部门也经常忽略财务指标。作为经营的一线人员，销售员有提高销量和到店销售比的压力，会主动采取诸如过高折扣、赠送试用装等方法来促进顾客到店，而这最终会对公司的财务表现产生不利影响（分发试用装将导致物流成本上升）。

客户焦点　组织的另一个问题是对客户满意度缺乏重视。"一家公司的真正资产是客户对它的偏好。"然而不是所有组织都能认识到这一点。通常人们只是把这句口号挂在嘴边，表示赞同，但并不会主动去促成其实现。

一家公司的总裁曾经聘请我们开展一项"质量计划"，这是在不久之前拟定的战略计划中建议采取的措施。我问他这个质量计划的目标是什么，他不清楚，但向我承诺会给我一个目标。等待了两周的时间后，我给他打电话，他说自己仍然无法确定目标是什么。之后这位总裁决定召开一场由总监们和一些经理参加的会议，会上，没有人承认存在质量问题。工业总监宣称他们的产品质量是市场上最优良的，"在全世界范围内也是质量最佳的产品之一"，其他人也竞相附和。讨论随后持续了一阵子。到了讨论商业活动的时候，一名经理提到公司为了促进销售会提供折扣。我问竞争对手是否也采取了同样的手段，得知公司的折扣介于5%到15%之间，正是基于竞争对手的价格而制定的。我问我们是否能认为均值是10%，他们同意这种说法。于是，我冒着风险总结道："考虑到总销售额为6.5亿美元，我们由于产品质量的因素而损失了6500万美元。所以我们就得到了一个质量计划目标！"那是一次非常不愉快的会议。最后我们得出结论，开展质量计划的最好方法是进行客户调查，以了解公司产品所处的真实状况。该调查顺利完成了，并得出了相关结论，以下是其中两点：

1. 在客户所考虑的 12 个产品质量因素之中，公司只采纳了 1 个因素作为其产品的衡量指标，该因素在客户的重要性排名中位于第三位。该公司在它所关注的因素上表现优于其竞争对手，而在所有其他因素上表现均落后于其对手！

2. 该公司的《年度产品目录》发行时间比竞争对手晚三个月，而产品本身与时尚相关，对客户来说产品目录的时效性非常重要。

调查中还识别了影响市场表现的其他几个因素，在制订一个真正的"质量计划"时，这些因素与目标设定息息相关。

为了能够聚焦于客户，组织的所有成员都应掌握一种被称为"质量功能展开法"（QFD）的工具，这对那些出售消费品和从事服务业的组织来说尤为重要。质量功能展开法非常有效，我们需要反复应用该方法以使产品与客户需求相匹配，将附加值最大化，并降低由不具备附加值的产品特性引起的成本。聚焦于客户不仅仅是组织的态度和文化，还成为一种科学实践。

员工焦点　根据经验，我们可以很有把握地说，员工高流动率损害了团队生产力（无论对销售团队还是生产团队来说均是如此），对产品质量的影响更是致命的。尽管这个指标能反映在职员工的满意度，且能明确计算出数字，但在管理上常常被忽视。许多工业企业的年均人员流动率在25%~35%，在商业企业中这个数字达到了45%。当我询问这些数字时，得到的回答往往是："这对于本地的这类工作来说是很自然的。"事实上，主管们并不愿意承认，员工的高流动率清楚表明了员工对工作环境的不满。人员流动会引起公司内知识总量的流失。有些知识能够通过培训课程和操作手册来传递（外显知识），可以花费较少的时间、投入较少的资源来使新员工融入公司事务，但获取实践性的知识则需要花费数年之久（内隐知识），一旦失去往往无法弥补。当新员工的占比达到30%~40%时，保持管理流程的稳定是不可能的。人员流失会给公司造成极高的成本。

几年前，我的一个客户的几家工厂人员流动率很高——总体来说大约是25%，在一些销售部门甚至超过40%。在那段时间，管理层判断公司出了问题，而努力降低人员流动率能够提高生产率。采取了相关措施后，车间的年均人员流动率降至4%~6%，据说销售部门的数值在9%左右。其后，车间和销售部门的效率有了大幅提高。我们意识到生产率与员工流动之间存在着线性关系。当我们不再继续流失知识，

其影响非常明显。

我们都想竭力避免工作事故。我了解到一家钢厂，它数年内未发生过一起事故。想要取得这样的成果，低流动率、标准化建设、工作培训（总而言之，优秀的日常管理）是必要的。

社会焦点 最后一个问题是组织与社区之间的关系。公司必须依照普遍的道德准则行事，这要求公司不要逃税、停止排放污染物、不发放非法物品等。

在某家公司的内部汇报会上，一位机械维修工程师向我解释为何要在夜间进行机器维修工作："因为维修中会产生大量的烟雾。如果维修时市民都在睡梦中的话，就没有人会注意到这件事。"对此做法我不予评论！

从特定角度来说，包括环境问题在内的所有与组织和社会间关系直接相关的事项都基于道德伦理。多数人没有很好地掌握道德的概念，人们往往将这个概念与具体问题联系在一起，而不是理解为"邻人之爱"这样更广泛的含义。任何现在或者未来可能危害到我的邻人的行为都是不道德的，不应采取这样的行动。同样的道理也适用于组织对待其利益相关者的各个方面。

针对组织所聚焦的以上四个方面来测算相关指标，会衍生出其他几个指标，这在逻辑性部署流程之中被称为策略管理。如果一家公司能将所有指标以因果链条排列部署，那么它就能确保自己的生存。

关键财务绩效指标

虽然本书的目的不在于分析各指标，但仍需要提到一些内容，因为根据我观察多年得出的结论，很少有人能够察觉到公司真正的管理焦点，甚至在某些大型企业中也是如此。

财务指标反映了组织管理的质量。显然，在监控财务指标的同时，还需要同步地、组合性地监控关于客户、员工和社会的指标，避免以牺牲其他指标为代价来换取某个指标的提升。（例如，涨价能使经营业绩上升，但公司可能会最终失去市场份额。）然而有些财务指标能够反映管理的真实情况：

息税折旧摊销前利润：该指标反映了公司产生现金流的运营能力、设备使用效率、人力资源水平、销售团队能力、系统效率、所处区位、费用整体水平、采购系统能力等。总之，该指标能够反映出公司的运营表现，但不包括公司的债务水平、财务管理效率以及资本运作效率。总结如下：息税折旧摊销前利润是反映公司运营水平的财务指标。它不体现债务水平、所用资本及财务部门的绩效表现。由于能够体现

组织生产系统的竞争力,它可能是最重要的运营指标。

息税折旧摊销前利润率:息税折旧摊销前利润这个指标的数值可反映出某家公司一定时间内的变化情况,但无法在不同的公司之间进行比较。为了比较不同的公司,可引入息税折旧摊销前利润率,即息税折旧摊销前利润与营业收入净额的比值。有些公司使用每吨或每生产单位息税折旧摊销前利润,与息税折旧摊销前利润率是相同的。

净利润:反映公司将所有因素(除所用资本外)考虑在内的整体绩效。净利润是公司最为核心的财务指标。然而,由于它的综合性太强,无法提供关于公司的具体信息以支持管理决策。

净利率:净利润与营业净收入的比值。该指标可在不同公司间进行比较,但无法借此识别出公司的优势与劣势。净利率提供的信息仅仅是某家公司与其他同行相比是否表现良好。

经济附加值:资金收益减去资金成本的差值。简单地说,该指标是由于公司利用资本所获产出与资本市场上的资金收益之间存在差额造成的。另一种衡量资本效率的方法是通过计算资本回报得到投资回报率(ROCE)。

自由现金流:指公司随时可用的现金流量。在信贷受到约束的情况下现金流十分重要,对可得现金的控制能力非常关键。表 1-1 是关于自由现金流控制的示例。

构成以上一级指标的还有许多二级指标，这些指标也很重要。

关键在于，对以上指标的监控工作不应仅仅局限于管理层，而应贯穿于整个组织之中，组织应持续跟踪并致力于改善这些指标。比如，维护保养人员应详细了解从可用资本中以最小的成本获取最大化收益的需求。在维护保养工作中，有许多将成本或占用资本控制到最低的方法。我们也许会出于使替换零部件的成本最小化的考虑，一直使用设备直到它坏掉，但在使用过程中会发生很多故障，最终降低资金使用效率。或者相反，我们可以做维护保养，预防性地更换零部件以避免设备故障，对飞机采取的就是这种做法。这可能会导致更高的初始成本，但却能带来更高的资金使用率。如何在这些方案中取舍最终取决于市场，而实际操作者应当清楚这些方案。操作人员需要了解，所用资本及成本对于组织来说应是非常精确的，在任何特定的时刻，他们都应当能够判断出在当下哪个指标更为重要。

组织要点

一旦清楚了组织中真正的管理焦点，理解那些影响目标实现的关键因素就显得尤为重要。我们可以称这些因素（或途径）为

表 1-1 自由现金流表示例（预算）

（单位：千雷亚尔[①]）

	2008年	1月	2月	3月	4月	……	10月	11月	12月	2009年
净收入	1 309 799	87 214	88 506	90 806	88 879	……	106 943	105 651	102 217	1 152.788
息税折旧摊销前利润	273 086	9 373	14 836	13 281	18 497	……	25 273	24 286	22 909	240 806
(+/–) 运营资本		17 416	985	–18 520	1 872	……	178	–4 668	11 337	7 511
流动资产		24 401	–466	–6 202	–1 665	……	–1 840	–6 744	10 302	–4 756
应收账款		27 346	–2 604	–9 983	–8 487	……	–6 760	–6 239	3 844	–32 409
库存		–4 890	1 887	3 754	7 036	……	4 942	–401	6 488	25 903
税收抵免		1 944	252	27	–215	……	–22	–105	–30	1 750
流动负债		–6 985	1 451	–12 318	3 538	……	2 017	2 076	1 035	12 267
应付账款		–8 075	–575	2 849	4 099	……	–482	1 493	–653	9 448
税收		–386	275	1 235	–1 328	……	165	156	–757	3 581
社会保障金预收账款		1 477	1 750	–16 402	–1 899	……	2 334	427	2 445	–762
(–) 资本支出		–1 171	–2 732	–1 102	–1 199	……	–3 233	–2 290	–2 931	–29 735

① 雷亚尔为巴西流通货币。——译者注

第一章 管理的焦点

(续表)

(单位：千雷亚尔)

	2008年	1月	2月	3月	4月	……	10月	11月	12月	2009年
(+/-) 其他		-5 908	-2 091	1 597	-6 021	……	-464	-357	-338	-16 532
(-) 利得税与社会捐助		-196	-17	2 568	674	……	-265	688	-2 230	-5 163
(=) 经营性现金流		19 513	10 981	-2 177	13 824	……	21 489	17 660	28 747	196 887
(-) 净利息支出		-1 335	1 599	-51 479	-10 179	……	1 458	-21 240	1 662	-83 844
(-) 贷款增加		-7 945	274	1 058	-14 729	……	126	124	-1 531	-16 821
净额 贷款		82	353	21 350	1 621	……	190	60 190	2 535	94 250
还款金额		-8 026	-79	-20 291	-16 350	……	-64	-60 065	-4 066	-111 071
(=) 融资性现金流		-6 610	1 873	-50 421	-24 909	……	1 584	-21 116	131	-100 666
(=) 股息										-14 634
(=) 自由现金流	440 615	12 904	12 854	-52 598	-11 085	……	23 073	-3 456	28 878	81 587
现金	185 801	198 705	211 559	158 962	147 876	……	241 967	238 511	267 389	267 389

"组织要点"。

低成本和低占用资本对于所有组织来说都是"要点",但是相对于时尚类产品的生产者,这两个因素对于消费品生产者来说更为重要,比如在设计能力、创新、商标构成重要竞争力的行业中就是如此。在组织焦点确立之后,需要在组织范围内展开讨论,确定组织的哪些活动构成了"组织要点"。你所在的组织中什么是最重要的?你需要在哪些方面做到世界领先来确保自己在任何条件下都能生存?

在百威英博,每个人都清楚低成本非常重要(百威英博为此引进了一套管理系统,上百人参与其中,持续进行核算),但同时每个人也知道,销售工作是公司的关键活动。光是指明这一点是不够的,必须将其落实到行动中去。百威英博董事会成员在酒店连续开两天会,会议第二天,所有董事早晨6点半在大厅集合,准备走访市场。每位董事与一位销售员和一位主管一起参与销售工作的流程。上午11点返回酒店后,董事们集合,再次与当地销售团队开会,每个董事对他所观察到的内容进行评价。百威英博还举行"销售日"活动,在这一天所有员工都要参与销售工作,了解产品在市场上是怎样售出的。所有员工都清楚,如果想要成为公司的总裁,必须具有销售工作的经历。总之,如果某项活动确实是组织要点之一，那么所有成员都需要感知到这一点并且亲身参与其中，每个人都应清楚，该项活动的重要性并不只是体现在文件和口号里，而是反映在组织实践中。

对于所有组织来说，另一个"要点"是与供应商的关系。但对于不同企业而言，供应商的相对重要性会有很大差异。对于日用品生产商来说，供应商也许没有那么关键。而对汽车生产商来说，供应商是如何重要就不言而喻了。目前在全球范围内存在一个趋势，即生产商为了提升整条价值链的竞争力，使价值链上的所有成员获利，对供应商的态度开始由敌对转为合作，充分运用谈判手段来获益。丰田汽车及另外几家日本企业就采取了此类做法，与它们的供应商结成了合作伙伴。

公司中的每个人都清楚组织要点是哪些，并有过亲身参与的经历，就会产生一种根深蒂固的意识，即组织将针对这些要点进行投资，并将深入实践这些活动，即使以牺牲其他领域的投入为代价也在所不惜。

第二章 成功的要素

在生意中，只有很少的东西是真正重要的。

——山姆·沃尔顿[①]

在所有人类努力尝试以获得成就的活动之中，存在着三个基本要素：领导力、技术性知识和方法，如图2-1所示。无论在公司、政府机构、保安部队、武装部队、基金会、学校、医院还是其他任何组织之中，都要持续培育这三个要素。（"培育"指持续提供关爱，确保其得到发展。）这可不像你去买一块地毯，把它铺在地上——大功告成了！发展这三个要素是持续一生的任务。

[①] 山姆·沃尔顿（1918—1992）：美国著名企业家，沃尔玛超市及山姆俱乐部创始人。——译者注

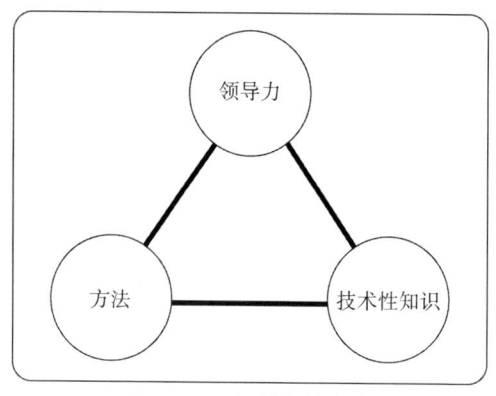

图 2-1　成功要素模型

创建领导力体系

对于任何组织来说,以上提到的三个要素中领导力都是最重要的。没有领导力将一事无成。如果没有领导力来推动事件发展,则无论方法还是技术性知识都是徒劳。

领导力这个词的字面含义非常广泛,而且很大程度上只关乎怎样做一位领导者,仅涉及领导者这个角色。在本书中这个词的内涵并非如此,而是就领导力一词的本义而言,并且认为应持续不断地培育领导力。(此处使用"培育"一词,意在表达"努力使某物成长"的特定内涵。)

领导力意味着以团队的形式用正确的方法行动,并持续达成目标。这是唯一对组织有益的领导力定义。没能达成目标的人不能称之为领导者。优秀的领导者通过员工来获得成果，因此领导者必须投入大量时间来培训团队。正因为这样，人力资源在领导力体系（或领导者日常工作表）之中是一个核心问题。

假设良好的管理是实践领导力的基础，创设领导力体系意味着完成图2-2中的各步骤（其中许多步骤将在后文中进一步展开）。

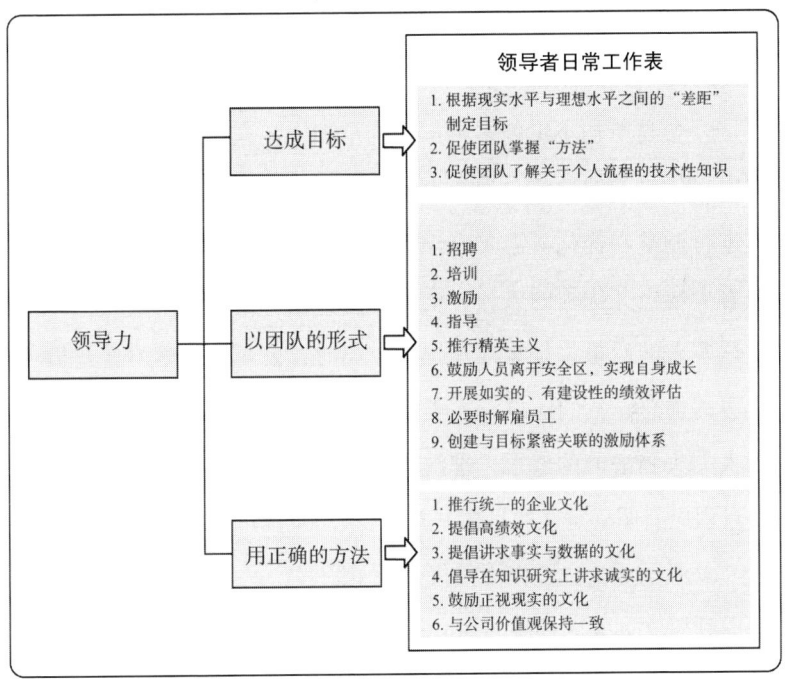

图2-2 基于文中领导力定义的领导者日常工作表（领导力体系）模型

1. 建立一个系统，为每个人分配可靠并有挑战性的目标。这些目标应以预先定义的、理想水平与公司现状之间的差距为基础。

2. 促使团队掌握"方法",以此优化日常管理,还可以使团队在分析技巧和分析资源上获得持续提升。

3. 提升团队对技术性知识的掌握水平。

4. 建立并持续优化招聘和甄选体系(将流程标准化)。参与所在团队的招聘与甄选工作,从聘任员工中选出杰出的人才,根据每个人不同的头脑潜能水平(参考马斯洛的定义),确保他们能够快速成长(少数杰出人才能够为组织做出极大贡献)。

5. 参与所在小组内多种形式的培训,甚至可以考虑在一些培训中担任讲师的角色。为杰出人才拟订专门的培训计划并不断对其进行调整和优化。需要意识到的是,在这些杰出人才之中,存在着少数极其优秀的人才,他们可能会改写一个组织的历史,失去这些人的后果将是难以承担的。同时,公司中的学习就是员工学习的加总,我们应理解人类的学习过程,理解马斯洛提出的关于人类头脑潜能的概念,理解人具有持续学习的需求。同时,学习过程应有明确定义的目标,并且以解决问题的方法来设计。

6. 激励员工。工作不仅仅是为了赚钱,人人都希望梦想成真。考虑到树立远大的理想与树立微小的理想都需要花费同样的努力,建议组织树立一个远大的理想,并向员工推广这个理想,实现激励。

7. 提供指导。工作指导是一种在职培训的形式,需要领导者监督团队的工作方式,在必要时提出建议并对工作流程做出调整。

8. 推行精英主义。建立一个绩效评估系统（将其流程标准化）并持续改进。对团队进行如实的、有建设性的评估，定期提供反馈（每年至少一次）。必要时解雇员工，解雇 5%~10% 评估结果不佳的成员能够为新员工提供机会。同时这也给了被解雇的员工机会去寻找自己感兴趣的工作，如果处于自己真正感兴趣的岗位，员工的工作状态会更佳，会有更好的绩效表现。

9. 通过激励机制将个人的利益与组织的利益联系起来。

10. 关注组织中的主流文化倾向，努力促使员工与有利于组织未来发展的价值观同化。这些价值观也属于绩效评估项目的内容。

11. 提倡高绩效文化。制定有挑战性的目标，并重用那些能够超越这些目标的人。

12. 倡导基于事实和数据进行决策的文化。鼓励将分析与综合作为计划过程中的主要因素和组织学习的基础内容。开会时要展示出分析的过程。同时提倡在知识研究中抱持诚实坦率的态度，强调要在事实和数据之中寻找真相。

13. 鼓励"面对现实"的文化，对指出真相的行为予以奖励，不畏惧直面事实。在这种文化氛围之中，经理们在与他们的团队成员和主管交流时，不仅仅传达有关经营成果的正面消息，也传达那些进展不顺利、需要认真对待的消息，使团队行为得到必要的调整。在分析情况时，搜寻事实和数据要比依靠观点和直觉重要得多。

列出领导者日常工作表很容易，然而做到这些并不简单。需要花费时间来完成以上提及的各个事项，这就是我说领导力需要"培育"的原因。

我认识一位杰出的销售总监。他为一家巴西公司工作。这位总监不仅是公认的优秀领导者，还是一位真正的销售冠军，深受他的团队爱戴，在公司内也备受尊敬。他接到公司竞争对手的邀请，跳槽到了另一家公司。那时他期待着能够获得像在之前公司一样的成就。然而他所期待的事并没有发生，一年后他离职了，没有完成自己的任务。他忽视了一个基本的概念：领导力是经过数年培育而成的。它需要设计可靠的流程，还需要培养杰出的、训练有素并乐于工作的员工。当这位销售总监在新公司开始自己的事业时，他没有遇到像前一家公司那样的团队，并且仅仅一年的时间也不够去组建一个这样的团队。他失败了，先前的公司中构建了领导力体系，而新的岗位并不具备这样的环境。

领导者是组织中唯一的"变化的代言人"。支持性部门可以协助制定和下发新标准，咨询服务部门除了在以上环节提供协助外，还可以开发验证系统来帮助领导者采取行动。然而推动执行和发起变化的工作无法交给他人。好的领导者能带动企业的调整变化。任何参观过不同公司或与不同公司保持密切联系的人都能清楚地观察到一些公司所遇到的执行障碍问题。领导力薄弱的公司通常反应过慢，以致最终失去市场中的竞争地位。

领导力体系中的另一个基本要素是内部文化。360度绩效评估将目标的实现与否设定为一个维度，将文化要素设定为另一维度。应当对组织期望大力发扬的文化要素持续进行讨论和评估。

"追求卓越的精神"是一个备受推崇的文化特征。我在各种不同背景、不同社会文化立场的人身上均看到过这种精神。我认为该精神对于完成意义重大的任务来说是个前提条件。我将这种文化特性总结如下：追求卓越的精神是一种态度，拥有这种精神的人们想要在自己所从事的领域内做到世界最高水平，也许这是个无法实现的目标，但仍值得付出努力一试。

> 我记得许多年前的一件事。一位部门领导让一位工程师就某个特定主题写份报告。次日这位领导收到了一份非常简短、几乎没有什么内容的文件。他读过后感到不满意，把报告退回给了那位工程师，要求他提交一份更完善的报告，并且指出了其中一些缺失的部分。那位工程师粗略地完成了缺失部分，提交了修改后的报告。部门领导读过之后仍然感到不满意，他将报告退回，要求进一步充实内容并给出了他想要的报告的示例。那位工程师把部门领导提到的部分修改了，之后再次将报告提交，并附了一张便条："这就是我的终稿，

我已经尽力了。"

我一直没有忘记这个故事。许多人并不喜欢他们从事的工作，他们的态度是"尽快将事情应付完"。这些人的主管应该帮他们一个忙：给他们机会去发现自己真正喜欢的事是什么，并将他们调动到相应的岗位上，或是干脆将他们开除。在我的一生中从来没有见过一位成功者是做着自己不喜欢的事情的。根据马斯洛的理论，热爱自己所从事的工作是人的高级需要。然而仍然有一些公司很难找到热爱自己工作的人来组成团队。这可能与重视"友谊和同志情谊"的文化特性有关，也可能与避免制造敌人以防未来自己会需要对方帮助的潜在意图有关。有时领导者没有开除低绩效员工是由于这些员工无条件地支持他们。然而，把不适合的员工留在岗位上，首先对员工本人是有害的，会对他们的职业前景产生不利影响；其次，这使领导者无法完成领导力体系中的内容，因此对于领导者也是有害的；最后，这种行为也会影响到公司，公司当前和未来的经营成果也因此大打折扣。在建立一个追求卓越、崇尚精英领导、致力于人类和组织发展的系统时，这些文化因素均属需要考虑的范畴。

下面是由本书修订者提供的一个案例：

> 当听到"追求卓越的精神"这个概念时，我把它理解为"我也拥有这家企业"的主人翁精神，我认为怀抱着这样的想

法，员工会对不利于效率的情况感到愤怒，主动调整计划并加快进度。

我认为内部文化的确会影响领导者，反过来也是如此。也许这就是前面例子中的销售总监失败的原因。听起来他所面临的是这样一个环境：在其间他如同在"对空气说话"，毫无助益。而正像你所知道的那样，美洲饮料集团不仅明确了员工自我设定行为规范（树立远大的理想，关注结果，员工也是公司的所有者，竭尽全力等）的重要性，而且长期以来将这个理念通过宣讲及具体举措（报酬、股份等）贯彻到了每个员工。

内部文化具有非凡的力量，我也在我的公司中经历了创建"追求卓越的文化"或"我也拥有这家企业"的文化的难题。正如大家了解的那样，这需要花费很长时间，需要建立制度并对行为结果做出反馈（奖惩），还需要一些"大老板"在组织中遵守以上的价值观内容，如此才能最终建立起一个强大的、新的内部文化。

我认为领导者应当成为方法、价值观、企业文化及其人力资本（由高绩效的杰出员工所构成）的守护者。就是说，好的领导者依靠高绩效的人员而完成目标，这些人员严谨地运用管理方法并坚守公司的价值观行事。

美洲饮料集团在巴西的管理实践表明，建设一个运行良好的人力资源系统需要花费 5~7 年的时间，经历这段时间后，首批科学地招聘到的训练有素的人才会上升到高级管理层，这是建立坚实的领导力体系所需的时间。在领导力体系成熟到适宜的水平后（5~7 年的时间过去后），个人魅力型的领导者就不再重要了，正像马克斯·韦伯建议的那样，此时公司已形成了制度化的领导力。这应是我们所有人想要实现的目标，对我们的年轻人来说也是一个有利条件。

打造有助于我们获得期望成就的文化存在一个时间延迟。关于这一点，我从本书的一位修订者处得知了以下的案例：

> 当我在洛加斯阿美利加纳斯[①]工作时，我尝试将工业领域发展出的技术应用到零售中去。当时在巴西没有服务性企业拥有相关经验，公司内对此产生了强烈的抵制。在山姆·沃尔顿的自传中，我们发现了能够在"管理方法"与封装技术之间建立连接的元素，使其能更好地被零售人员所理解。
>
> 在那些年，我们试着去提升员工的教育水平，在发展领导力上调动了所有种类的可用资源：电影、讲座、书及特许经营手册。但是取得的进展始终不尽如人意。有一天，法尔科尼教授将我介绍给一位 80 岁的日本管理咨询顾问，我和他

---

① Lojas Americanas，巴西的一家零售企业。——译者注

第二章 成功的要素

有了如下的对话：

我："'管理方法'短期内没有产生成果，这令我非常困扰，我们需要成果来促成变革。"

咨询顾问："全面质量需要组织花费5年的时间来吸收消化。"

我："我们等不了那么长的时间。"

咨询顾问："全面质量需要组织花费5年的时间来吸收消化。"

我："我们不能等那么长的时间。"

咨询顾问："全面质量需要组织花费5年的时间来吸收消化。"

我："但一定有更快的方法。"

咨询顾问（失去了日本人特有的耐心）："需要5年的时间，因为人需要花费5年时间来改变。"

我在个人经历中清晰地见证了这一点：学习过程是非常缓慢的。在公司中，有赞成变革并且绩效表现优秀的群体，也有持抵制态度的群体以及永不会接受全面质量概念的人。然而多数人能够坚持全面质量的理念并更加乐于投入自己的工作。在这个过程中，高层——比如首席执行官的领导力是一个必要条件。

5年后，之前如此难于实现的要求，在洛加斯阿美利加纳斯已经固化为日常行为模式。其他公司中也发生了同样的事。无论公司所在领域和行业是什么，都可以应用相同的方法。如果能够恰当地引导，行为与思考模式的转变就成了文化。

领导者角色的本质就是与人力资源部门一起，根据领导力体系的内容开展工作，这是领导者真正的工作内容。

积累技术性知识

在技术性知识与关于"方法"的知识之间似乎存在着一些困惑。技术性知识与个人的工作流程有关。在市场营销部门工作的人必须具备该领域扎实的专业知识。与此类似，也有关于财务、人力资源及生产过程，如机械维修、化学平衡等的专业知识。每个组织都应使自己大体跟上技术性知识的最新趋势。

一位客户公司的董事长请我到公司旗下的一家工厂去参观，这家工厂是近期新建的，找我参观的目的是调查其生产效率为什么无法达到设计的产能水平。几天后，我得出结论，员工对于管理方法掌握得很好，但缺乏对生产要素的技术性知识。该公司随后着手启动一个专门项目，邀请已退休的国外顶级技术专家到工厂，将生产技术知识传授给这些新手。这个项目获得了极大的成功，几年后这家公司拥有了掌握世界级技术知识的数个领域的专家。

当前，出于竞争的考虑，公司需要在全世界范围内持续地搜寻技术性知识，以确保自己始终处于领先水平。可以利用一些方法来获取技术性知识，比较好的做法是引入世界最优秀的技术人员作为短期顾问（他们精通理论知识与实践知识），与公司员工共同工作来解决他们面临的问题。

值得注意的是，通过实践管理方法，能够更有效地理解技术性知识。管理方法的关键特征之一就是通过分析来持续地整合技术性知识（后文中将阐述分析法包括哪些内容）。为了使人们了解知识的重要性，我常常问："为什么你不将成本降低10%呢？"在由于惊讶而产生的几秒钟的沉默之后，我自己给出了答案："因为你不知道该怎样去做。"问题就在于去弄清楚这一点。这就是知识！

概念介绍：方法

"方法"（method）一词来自希腊语的 meta 和 hodos。meta 意为"待实现的目标"，而 hodos 意为"途径"。因此可以将"方法"一词理解为"实现特定目标的途径"或"为达到期望的成果而采取的一系列必要行动"。如果说管理意味着实现目标，那么没有方法也就没有管理。方法是管理的本质。管理就是方法。

我们在这里所说的方法，指的是笛卡儿在17世纪提出的"笛卡儿方法"。笛卡儿作为现代哲学之父为人所熟知，他曾说过，在他的时代，"哲学著作只是个人意见的汇总"，而他"离开了温暖舒适的居所，游历寒冷的欧洲，去找寻存在于人类现实生活中的真相"。真相存在于组织的信息之中，当前正是这种对真相的找寻引导着决策。基于个人意见进行决策要付出高昂的代价，且往往是灾难性的。

组织工作的本质就是追求工作成果，因此有必要令每个人都掌握管理方法。方法对于从总监到车间工人的每个员工来说都是有效的，需要令每个人都参与到解决问题的方法中去，以获得必要的成果。无论组织中雇员的教育背景如何，使用的方法都是一样的。这使创造一种普遍性的管理语言成为可能，并可以自然而然地引导每个人参与到公司管理中去。"方法"为员工参与公司管理提供了有组织性的合理途径。因此，方法有助于持续提升组织全员的知识水平，取得更好的经营成果。

当然，相比于技术分析师而言，操作员从事的分析与综合实践要简单得多。技术分析师必须掌握包括统计软件在内的时下常用软件，要能够从无形的信息之中提炼出对产出卓越绩效来说必不可少的知识。总监必须具备关于"方法"的知识，至少应了解信息分析流程的基本方面。现在，巴西的一些公司已经有了"黑带"主管,指那些熟练掌握统计学知识、能够通过分析信息来获取所需知识的主管。未来所有的专业人士都应达到这样的水平。

克拉克讲述了美国中央情报局(CIA)采用的分析方法,与我们在公司和政府中使用的方法十分类似。"情报"这个词不仅能用于政府的安全机构,也可用于公司的市场部门,可替代信息收集与分析一词。按照克拉克的定义,这本书是关于"情报"的。本书内容对那些运用分析和综合法来处理信息、试图探索信息中包含的真相的人们来说是有助益的。"方法"将情报的因素增加到了管理活动中。

下一章将对"方法"做进一步的阐述。

甄别经理与总监人选

我发现一些组织(既包括公司也包括政府机构)会提拔优秀的技术人员作为经理或总监。优秀的技术人员本身没有什么问题,但决定此类领导岗位的人选时,考虑的主要因素应当是人员的领导能力、对建设领导力体系的投入程度以及在日常互动中体现出的价值观。根据我的阅人经验,对于一位全力投入公司建设、尽力将职能制度化以使个人的具体领导行为可有可无的领导者来说,以上这些因素是其主要特征,同时也是实现卓越的途径。

招聘和甄选流程通常能加大公司招募与甄选到适合其需求的

最佳人才的可能性，但该流程并非完美。真正的甄选工作应基于对每个人在工作中的观察评价，需要花费数年来完成。观察评价的内容包括每个人实现个人目标的能力以及与公司价值观的匹配程度，评价结果将记录在绩效评价流程中。随着个人层级在公司职位体系中的提升，公司会对候选人进行评估与甄选，直到其显示出自己足以胜任公司的总监或经理职位为止。

从这个观点能得出两个结论：

（1）从其他公司招募人员来填补特定的岗位，这无可厚非，但如果想要确保自己获得成功，则只能从内部人力资源中进行选拔。

（2）每个人的学习速度都不尽相同。这意味着一些人需要特殊的、更为集中的培训，需要比其他人更快安排在新岗位上试用。

最后的结论是，公司应当建设一个"领导工厂"，以实现自身的成长并确保在扩张时具备所需的人力资源。

> 在英博公司，即现在的百威英博成立的时候，美洲饮料集团挑选了100名主管到英博公司入职，而这丝毫没有影响到美洲饮料集团的绩效表现。这是因为自从1990年以来，美洲饮料集团就致力于建设"领导工厂"，已拥有了100名足以替代离职人员的候补者。只有建设符合要求的领导工厂，才

能将领导力转化为制度化的机构，而非各类个人性质的岗位（取决于领导者的个人魅力）。

对优秀的技术人员来说，也许需要提供一个能带来声望的职业发展计划，但并不一定要以做主管为职业发展目标。

第三章　管理方法与管理系统

　　土地、劳动与资金是传统的生产要素，由于它们具有流动性，因此不再能够确保组织获得竞争优势，对于国家来说更是如此。相反，管理成了决定性的生产要素。

——彼得·德鲁克

管理即解决问题

　　对管理问题所做的最好定义如下："问题就是不合意的结果。"按照这个定义，所有真正想要改善自己公司状况的人无疑都积累了许多问题。

　　数年前，我在一家公司担任管理咨询顾问，我问经理们："你们的主要问题是什么？"其中有许多人回答："我们这里没有问题。"我对此的回复是："那么你们就没什么要做的了。如果我是你们，我就去海边度假。"我们都笑了。这个时代已经过去了。巴西在过去这段时间取得了许多进步，但对于直面问题仍有一些抵触情绪。只有极少数管理者会在每年开展标杆学习、市场调查、损耗与低效分析等工作,以便识别当前的问题。我们可以用一些方法来识别发展机会,也就是我们所说的"差距"。"差距"对我们随后要论述的内容来说是一个简单但基础性的概念。

管理者有两个基本职责:

(1)确保公司运营流程的稳定。以始终一致为口号。这条原则对银行、工厂、比萨店或医院来说都适用。

(2)在个人职责的范围内,识别问题、对问题进行优先排序

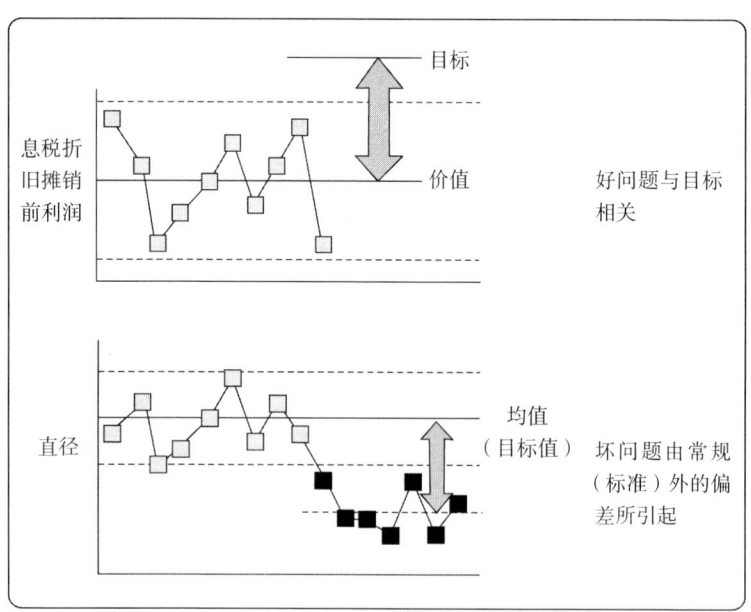

图 3-1　两类问题模型

并解决问题。

问题有两类:"好问题"由经理每年在识别职责范围内的"差距"时提出,目的在于改善组织当前绩效;而"坏问题"则是运营活动中的固有缺陷,如图 3–1 所示(产品不符合工艺要求、设备故障等)。之所以称其为坏问题是由于它突然发生、无法预测。应迅速解决坏问题。管理应降低坏问题发生的频率(不可能彻底消除坏问题,但可以大大减少其数量)。

管理方法

管理方法(解决问题的方法)只有一种,但咨询公司用不同的名字来称呼它,并努力说服人们相信自己的方法更好。这些名字都只是商业标签,由于所有标签背后是同样的方法,因此都能有效地发挥作用。我使用 PDCA 法(计划—执行—检查—纠正),该模型由日本人提出并已在全世界得到广泛应用。PDCA 法是丰田生产体系的灵魂。该方法如图 3–2 所示。

通常看到这张图的人们会想:"我知道这个方法!"然后我就会开玩笑地说:"看,你知道的是怎样画这张图,但要想把它应用到组织中所有人的日常工作中去,就是一个要花费许多年来完成的学习之旅了!"

乍看之下,PDCA 法非常简单,事实上它也的确简单。但深入

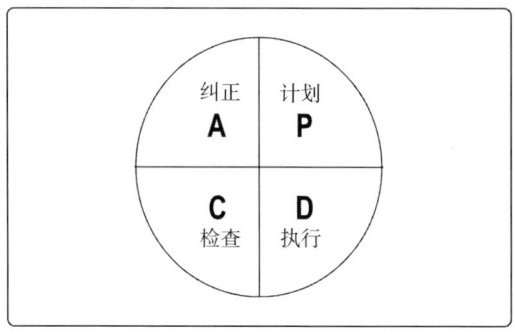

图 3-2　PDCA 法模型

应用该方法的人都会在数年后认识到：整个公司越是深入应用这个方法，就越是清楚地感知到它的复杂性。我想自己在数十年之后仍然会在学习 PDCA。该方法将于后文详述，其作用如下：

（1）促使每个人参与到公司的实际管理中（改善经营活动并将改善成果固化）。

（2）使用标准化的语言，提升沟通水平。

（3）理解每位成员在公司活动中的角色。

（4）持续学习。

（5）综合运用多个学科的成果以实现自身目标。

（6）加强吸收顶级企业的实践经验。

PDCA 法令组织实现科学管理成为可能。它能促使我们创造、吸收、复制与传播知识。在应用 PDCA 法的过程中，关键因素是学习。由于追求经营成果与追求知识之间是相似的，因此 PDCA 法将组织转化成了一所学校。

所有组织都试图实现两类目标：改善现状和保持现状。这两种情况下我们都可以用 PDCA 法，如图 3-3 所示。事实上，应通过标准化建设和在职培训将已实现的改善目标在日常运作中迅速固化，因此 PDCA 法并非像图 3-2 中所示的那样是独立使用的。一旦我们想要开展管理活动（解决问题），应当用 PDCA 法同时进行改善和成果固化。我们将 SDCA 法（标准化－执行－检查－纠正）称为成果固化版的 PDCA 法，因为在计划（P）阶段进行的是标准化建设（S）的工作。我建议读者认真领会图 3-3 中的内容，把它变成你脑中的管理模型。这也许是本书中最重要的图表。在

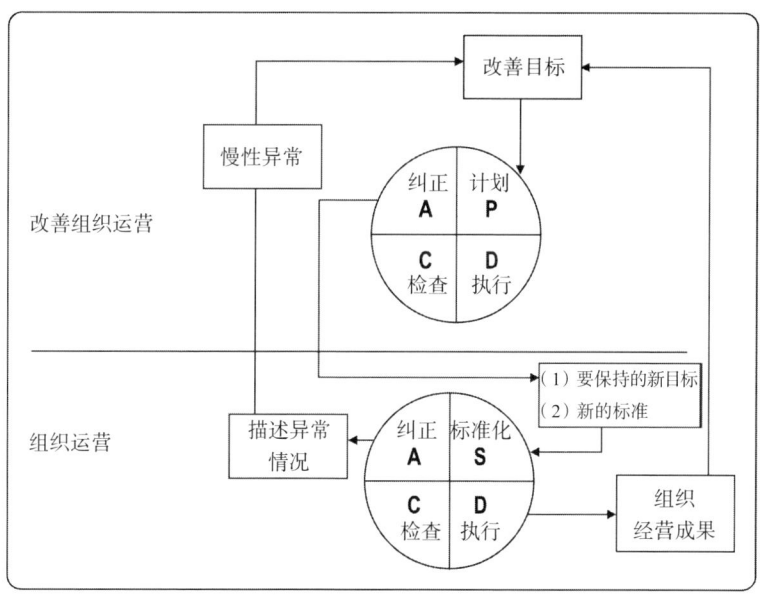

图 3-3　保证组织运营和改善一致性的 PDCA 模型

我的《日常工作管理》一书中详细阐述了该模型的用法，介绍了如何在组织运营管理中使用该模型。

我看到有些绿带和黑带课程（一些问题解决课程的商业名称）只使用 PDCA 模型，我认为这是错误的。除非能用 SDCA 法把新的改善成果融合到运营活动之中，否则就不存在解决方案。在解决任何问题时都可采用的模型见图 3–3。

系统思维

我们的生活中时刻体现着系统的概念。世上万物都是一个系统或者是系统中的一部分。人类自身是一个系统，包含了诸多子系统，如呼吸系统、消化系统、循环系统及神经系统等。公司也是一个系统，并且它所面临的外部环境也是一个个系统。理解系统的概念就是理解组织关系。

贝塔朗菲（Bertalanffy）将系统一词定义为"一系列相互关联的因素，以实现特定的功能"。需要将此处的系统概念与新乡重夫（Shingo）对流程的定义区分开，他将流程界定为"一系列推动产品（实物或服务）生产的附加价值的总和"。区分这两个不同概念是很重要的。系统的概念比流程的概念更广泛也更精确，总监和经理们在工作中必须针对系统进行处理和应对，但如果目的是组织和工作分析的话，由于流程的概念既适用又简单，此时使用流程的概念将更为便利。

每个系统都具有至少一种功能，每种功能都生成至少一个指标，因此我们可以将问题定义为"系统失灵"（就是说，由于某些原因，系统未能实现其功能）。另一方面，我们也可以想象在每个问题背后都存在着一个系统，我们将其称为"靶心"。

系统可能是开放的，也可能是封闭的。开放的系统与其他系统之间交换能量、材料与信息。封闭的系统与外部隔绝，不进行任何交换。但事实上没有哪个系统是完全封闭的，系统可能只是呈现出不同的开放水平。比如，一台钟理所当然可以是封闭的（其功能是显示时间），而公司显然是个开放的系统。如果一家公司不与其他的外部系统交换信息，它就无法获得所需的知识，也许会逐渐衰退进而退出市场。以系统思维的角度来看，组织开放程度越高，其生存与发展的机会就越大。较为开放的系统与较为封闭的系统需要分别制定不同的战略。举例来说，假设你是一个生产经理（封闭系统），由于工作接口很少，所以遇到的情况可预测性更强，对系统变量有较高的控制性。然而在销售中（开放系统），由于存在许多难以控制的变量，如竞争对手、零售商与顾客的反应等，因此遇到情况的可预测性不强。此外，工作接口处的活动能迅速影响绩效表现。因此，在开放系统中，反应速度是最基本的要素。当系统其他部分开始做出反应时，你必须迅速采取一个新行动。系统的开放性越强，对信息技术的运用就越为重要。

　　有关系统的另一个重要事实是系统拥有自己的结构、流程和功能。"系统分析"是管理中的基本工作，我们提到这个词时指的是结构分析、工作流分析（不要与流程分析混同，在后文中会分析两者间的区别）以及功能分析，这些不同的分析将在后文中详细阐述。

　　最后要说的是，系统是有层次的，正像海恩斯（Haines）指出的那样，有原子，也有分子、器官、有机体（动物）、群体、组织、社会和整个地球等。系统之间有重叠的部分，公司中也存在不同层次的系统。在后文我们会阐述功能管理和部门管理的内容。部门是承担特定功能的系统，拥有自己的权限。功能管理适用于企业系统层面，超越于受部门职权范围所限的部门管理系统之上。不能理解这些系统之间相互关系的公司将在管理诸如质量、成本、交付等事务上遇到困难，而这些事务都是与利益相关者有关的末端功能。日野（Hino）提到丰田公司由于没能理解功能和系统的概念而错失了许多年的时间，没能发展出功能管理体系。但最终它还是成功了，功能管理现在成了丰田的优势之一。

　　世间万物都是系统，系统之间或多或少存在联系，最终每个事物都彼此关联。只有理解了这些关系才能管理一家公司。这就是系统思维的内容。

管理系统

某家美国公司旗下的工厂长期经营状况不佳,该公司的运营副总裁要求我们去处理工厂所面临的问题。我到工厂后,与副总裁一同听取了主管们就个人目标及针对目标所采取措施的汇报。工厂的所有主管与技术专家都在场,厂长首先汇报,随后是他直管的三位部门负责人汇报。在第四个汇报者结束之后,我说:"好吧,我不能理解,为什么在他们的所有目标都实现了的情况下,厂长的目标却没有实现。"

这个案例中的问题是缺少管理系统,即厂长的目标应与其下属的目标之间有因果关系。为了实现厂长的目标,需要部门负责人完成各自的目标(系统之间是相互关联的,彼此构成一个多层次的体系,应以系统的功能为基础来制定目标)。此外,为了实现部门负责人的目标,还需要调整标准运营流程并进行工作培训,这就是贝塔朗菲的系统定义中所说的"相互关联的因素"。在组织各层面上完成的所有改善活动都应反映在对标准操作流程的修正之中。这就是组织变革过程的本质。

我们可以将所有改善活动都看作长期的(战略)和年度性的,且都是具体的项目或目标,图 3–4 以一种简化的形式展示了在这种情况下图 3–3 的模型可能会呈现出的形态。该图是建设图 3–5 中"管理系统"的基础。

因此,"管理系统"就是一系列相互关联以确保公司实现目标的行为。图 3-5 是管理系统的简化模型。

要想使一个系统转化为真正的管理系统,它必须由相互关联的、以实现目标作为自身功能的各部分组成。相应地,每个组成部分都需遵循管理方法。因为就管理方法的定义而言,除非是基于纯粹的管理方法,否则管理系统将不会存在。

图 3-4 及图 3-5 中的子系统包括战略管理、策略管理、项目管理及日常管理。管理方法是所有子系统的支柱。

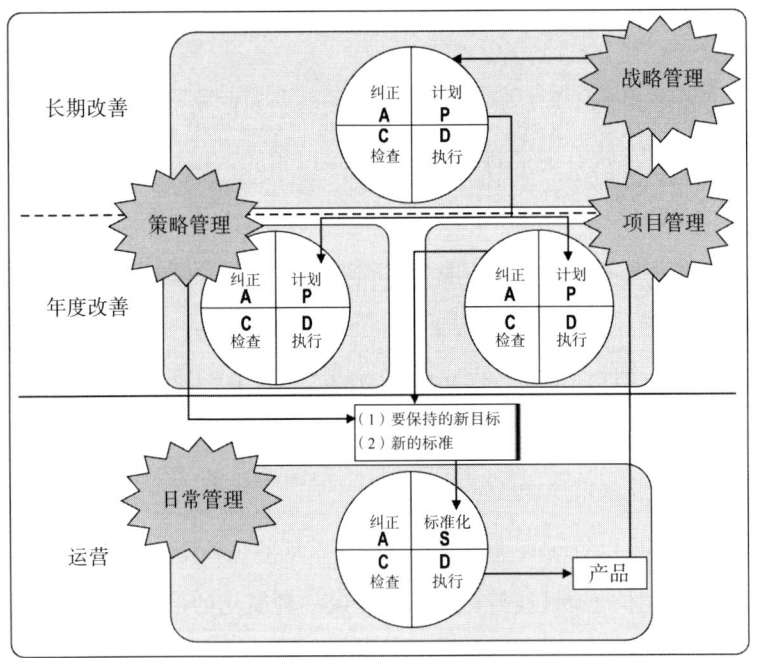

图 3-4　组织运营与改善的 PDCA 模型(包括长期改善和年度改善)

第三章 管理方法与管理系统

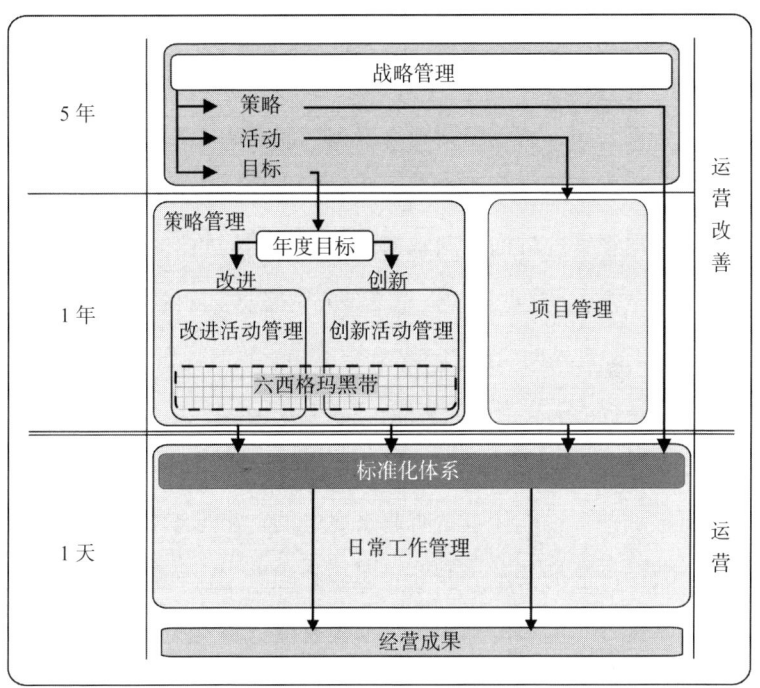

图 3-5 管理系统模型

管理系统还有另一个优势,即可以为组织中每个人工作内容的分布情况提供一张地图。管理系统背后的基础是方法,方法不仅能使每位组织成员都拥有其特定的目标——没有目标就谈不上管理——还能推动每个人都有组织地参与到公司管理之中。如果组织能成功地使每个人都长期参与管理系统的实践,则组织将拥有一个不可战胜的团队,团队中的每名成员在自己的工作领域内都极具竞争力,组织由此得以越来越强大。

组织有必要通过引进新的技术资源以持续改善现有的管理系统。管理咨询公司总是推荐用于管理系统的新资源，但由于所有的管理咨询公司，甚至包括独立咨询顾问在内，都有着标榜自己了解某些"新东西"的需求，因此他们常常给管理系统的各部分起名字。尽管管理咨询顾问掌握着大量有用的知识，但公司仍需了解该怎样去掌握这些知识。以下是公司需要自问的两个问题：

1. 管理咨询顾问给出的这些知识适用于我的管理系统吗？
2. 这是否优于我当前的实践？

如果管理咨询顾问给出的方案优于当前的实践就买下该方案。但不要被那些似乎能让事情听起来更好的首字母缩略词和标签所欺骗，要用冷静的头脑去判断。对于管理者来说，重要的是令他的公司掌握尽可能多的知识，只要他有能力将这些知识落实到实践中并最终产生成果。

管理系统的深化

图3-5是管理系统模型，需要注意的是，系统的目的是获取经营成果，系统中所有要素都是达成目标的手段。所有改善活动都需遵循从结果到方法的逻辑。也就是说，必须首先定义想要优先实现的改善成果，然后以此为基础，找出能够保证目标实现的优先调整措施。这个年度任务就构成了管理系统深化的内容，管

第三章 管理方法与管理系统

理系统的深化是一个长期工程，取决于人的学习。

随着组织追求更有挑战性的目标，有必要使用更复杂、更先进的分析模型和技术资源，因此管理系统也随之越来越强大，这是一个没有终点的过程。由于人们不懂方法，且公司缺少必要的先进管理水平及制度，很多组织没能利用统计学、运筹学、数学和计算机科学提供的相关资源。深化管理系统是一个学习的过程，需要花费时间。值得欣慰的是当竞争对手意识到深化管理系统的重要性时也需要经历相同的过程，同样需要花费数年的时间。东部的汽车制造商相对于西部制造商的巨大优势就是这种"管理滞后"的例子。

需要谨记的是，如果没有完善的日常工作管理体系作为基础，任何公司都无法有卓越的表现。追求卓越过程中的重大难题是建立一个完善的日常工作管理基础。

在本书中，我经常提到"管理发展记录"。每家公司都处于管理发展的特定阶段，员工技术水平、对方法知识的掌握水平、领导力，尤其是文化特性都处于特定的阶段。企图走捷径是没有意义的，因为人们的确需要时间去学习。有时，一家公司想要使用其他公司所采用的解决方案却失败了，因为它尚未具备使用该解决方案的条件。管理深化是一个组织的学习之旅。

第四章　组织绩效

> 为了对生产流程做出基础性的改进，必须将物料流或信息流与工作流区分开，分别进行分析。尽管流程中包含了一系列操作，然而将流程想象成单一的线则是错误的，因为这样想会强化一种误解：如果改进每个人的操作，其构成的流程的整体效率也将提升。事实上，如果不考虑每个操作对流程的影响就对操作进行改进，甚至可能会降低整体效率。
>
> ——新乡重夫[①]

改进组织绩效必须聚焦在战略、策略与运营三个方面的主要问题上。这三方面的目标决定了管理焦点。相应地，为实现这些目标而采取的行动涉及组织的三个层次：组织层、流程层和操作层。本章将详细阐述这些概念。

---

① 新乡重夫（1909—1990）：工程师、品质管理专家。丰田生产体系创建人。——译者注

绩效层次与绩效需求

鲁姆勒（Rummler）建议将组织划分为本质上不同的三个管理层次，并分别考察各个层次，如图4-1所示，包括组织层、流程层和操作层，这与新乡重夫提出的分类一致，丰田公司采用的正是该分类法。

（1）操作层是人与机器设备的工作序列，其目的在于生产出预先设计的特定价值（这是操作层的目标）。

（2）流程层是构成最终产品的附加价值序列（包括内部产品及外部产品）。

（3）组织层是机构为实现自身功能所需要的关系结构。

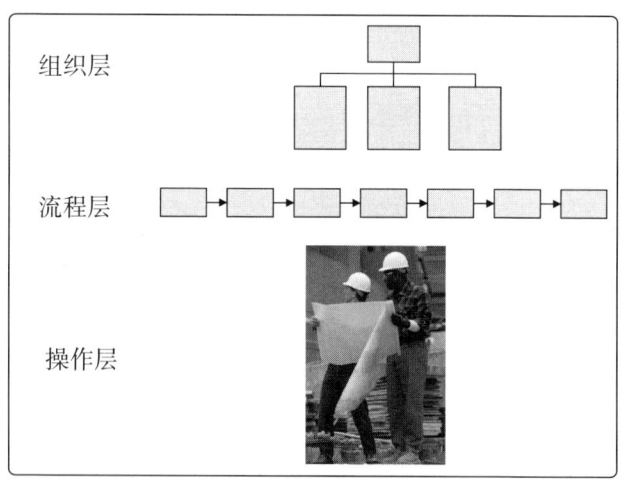

图4-1 鲁姆勒绩效三层次

第四章 组织绩效

举例来说,由于"流程层"是一系列附加价值(因而也被称为"价值链"),因此不包括人或机器设备的劳动。人或机器的劳动序列被称为"操作层"。操作层产出流程层中的附加价值。有的操作是不产生价值的,比如运输、检验和仓储,应将这些操作消除或最小化。

图 4-2 是操作层与流程层的概念模型。这些概念是组织产品生产与服务生产的基础,并为流程设计、流程标准化及操作(流程方面指《质量控制流程图》,操作方面指《标准操作流程》)提供了基础。"操作层"与"流程层"的概念是新乡重夫提出的,它们构成了"丰田生产体系"的基础。

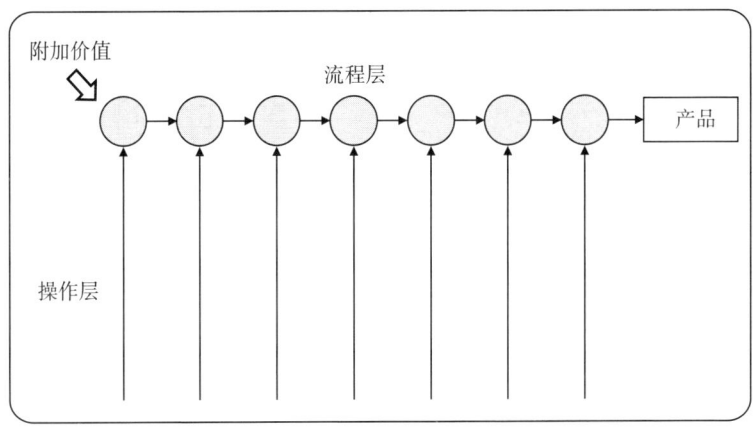

图 4-2 操作层与流程层的概念模型

如图 4-3 所示,任何一个组织层次上都存在三种需求:目标、设计和管理。本书关注的是目标及实现目标的方法(即管理)。需要记住的是,由于环境对组织的要求不断变化,因此必须反复检视组织结构设计、流程设计及操作设计。根据要求的变化,可以将一些流程和操作自动化,而另一些流程和操作则可以取消。目前已经有几家公司将组织流程再造作为持续改善计划的一部分。在法尔科尼咨询公司,我们针对每个项目的组织、流程和操作开展工作,设定目标并规划新的设计方案,使管理发挥出自身的功能(方法)。

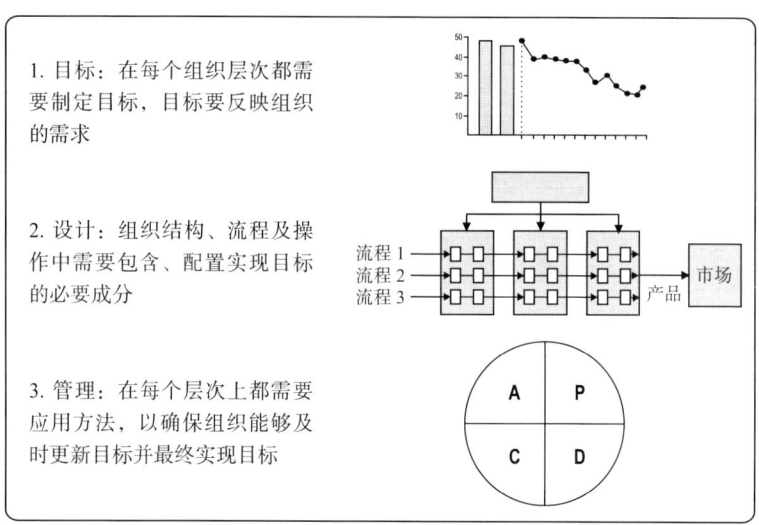

图 4-3　鲁姆勒的三类绩效需求

组织的三个层次与三种绩效需求相结合,可得到九个绩效变量,如图 4-4 所示。

简而言之,在三个层次上,均要制定明确的目标、设计方案并经常检视，并运用方法来进行管理。

图 4-1、图 4-3 及图 4-4 意在阐述这些对于总监和经理们来说非常重要的概念。我建议所有总监和经理们都在内部针对这些概念进行讨论和反思，并联系组织现状，尤其是涉及操作标准的内容。

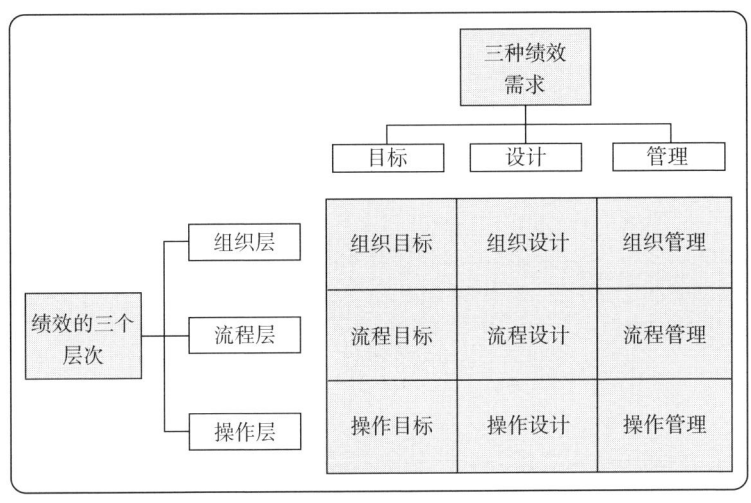

图 4-4 鲁姆勒绩效九变量

操作目标和流程目标是《标准操作流程》和《质量控制流程图》的一部分，对其准则做出的任何修改都应限于相应的层次。《标准操作流程》关乎操作层，而《质量控制流程图》和《管理标准》则旨在表述和规范流程层。

正确界定问题属于组织的哪个层次非常重要，涉及重大项目时，应根据各相关群体的一致意见来创建一个描述性文档，因为

一旦界定了问题，就要采取解决措施，这可能造成很高的成本，而如何界定问题决定了解决措施的内容。有些界定问题的工作既困难又微妙，一些有经验的分析师常常将一半的分析时间用在正确界定问题上。能否进行成功的分析取决于是否正确地界定了问题。

准确地界定问题有助于推导出正确的解决方案，使解决方案限于问题所影响到的公司层次范围之内。新乡重夫预测，组织层的行为不仅影响组织层自身，也会影响流程层和操作层。流程层的设计方案同时也会影响到操作层。只关乎操作层的方案仅会对操作层产生影响，不会影响到流程层和组织层。

目标即管理焦点

目标是三种绩效需求之一，且在各层次上都是管理焦点，而管理方法能促使目标实现。问题（目标）永远都关乎结果而不是方法——总是包含在组织、流程或操作的系统功能之中。通常将目标定位为以下三个类别：

（1）组织层：关乎利益相关者满意度的公司功能指标，以及该类功能指标的分解，如"使息税折旧摊销前利润每年增长15%"。

（2）流程层：指流程的特性（质量、成本及交付情况）。如

"18个月之内交付95%以上的订单,且要将正确数量的合格产品在截止日期之前交付到正确地点"。

(3)操作层:操作层中附加价值的特性(即流程附加价值指标的准则,它们构成了《质量控制流程图》或《管理标准》的一部分,并且是《标准操作流程》的工作目标)。如在钢水包中处理钢水的流程或在质子化氩的鼓风程序中"实现全程的充分均质化"。

当流程为最终的末端流程时,流程意在实现组织功能,此时组织指标和流程指标可能是一致的。

如果不能清晰地界定问题,无论对公共组织还是私人组织而言都会产生浪费。组织理所当然总是怀抱着良好的期望,但最终只能在错误的管理方向上浪费资源。

在有些情况下,正确界定问题可能是件很简单的事,而在另外的情况下却可能十分困难。此处比起用"困难"一词,也许说"微妙"更为贴切。但正确地界定问题能将人力资源、实物资源和财务资源导入正确的方向。归根结底这是总监的主要职责。就像总监一职的名称所揭示的,总监(director)就是能够"指明方向的人"(one who points the direction)。而正是对问题的正确界定决定了方向。

公共部门也存在同样的问题。我曾经看过一个电视采访节目，采访的对象是新上任的教育部长，他在节目中"创造"出了许多"项目"，其中之一是关于所有公立学校学生制服的。我想："这位部长要解决的会是什么问题呢？"

你离开了一个董事会议，会上销售总监指出需求上升了而公司没有能力去满足上升的需求，公司面临着失去市场份额的威胁。此时公司真正的问题是什么呢？问题是"产能不足"吗？如果你这样去界定问题，那么你的解决方案也就确定了，就是说，你的公司将引进一条新的生产线。总之，当使用"不足"这种表达方式来描述问题时，问题的界定就会出错。

但如果将问题界定为"不能满足销售需求"，可能的原因就会有许多：不合格产品过多、缺少原材料、关键设备故障率过高、频繁出现能源供给问题和受生产线瓶颈制约等。在这种情况下，最好的处理方式是通过信息分析来弄清楚当前的境况并最终做出正确的决策。

从系统思维的角度来看，问题是系统"功能失调"的表现，即系统不再行使当初设计的功能。从管理的角度看，问题标志着管理没有获得预期成果。（问题是在没有获得预期结果时产生的，"我的成本是世界上最低的，但我认为还能进一步降低成本，因此我的确面临着问题"。）

管理者应当经常自问："我管理的系统存在的目的是什么？"

需要记住的是，真正的目的总是与其利益相关者相适应的，在实现财务目标后，真正的目的尤其应当与客户相关（包括内部客户和外部客户）。如果不与这些目的保持一致，将会导致组织产生真正的问题。

所有问题都是战略问题

问题本身与结果相关而与手段无关。战略问题与组织的长期目标直接相关，影响到组织的生存：不仅关乎董事们的短期利益，也包括股东、客户、员工以及社会的相应指标。因此，策略管理（PM）非常重要，它管理组织重大问题的解决方案，促使组织所有组成部分实现各自的目标。这些子目标以预先定义的"差距"为依据，通过因果关系链与公司整体战略目标相连。如果能够在PDCA法的各环节正确地使用策略管理，它将是组织的强大工具。

如果组织拥有明确定义的终极目标（也就是战略目标），并且在策略管理中依循方法将目标进行了分解，那么可以确定：

（1）组织的所有问题已得到了明确界定。

（2）所有问题都是战略问题。

（3）所有员工的工作内容将得到相应的协调安排。

在实现每个目标之后，都应修改《标准操作流程》中的一处

或多处内容，并调整在职培训内容中的相应部分，使公司能够将习得的新知识切实地转化为稳定的经营成果。

随着公司历经数年时间持续推行策略管理，每个人都将参与到策略管理的实践中。建议公司对每个经理和技术人员进行培训，使其逐渐掌握复杂的分析与综合工具，学会使用专业的分析软件以及统计软件等（策略管理可能会在操作层面引入品管圈或其他相同作用的工具）。团队在信息分析方面越是具有竞争力，公司就能获取越多的知识，经营成果也就越显著。

领导力、挑战与创新

与问题界定有关的另一个事实是组织领导者的态度。当领导者陈述组织的主要问题时（或主要目标，或是其他差不多的事物），同时也在引导着每个人的注意力、想象力和创造力。一个表述清楚的目标甚至可能会推动公司的创新实践。

丰田公司的普锐斯汽车（经济型汽车，组合使用燃气发动机与电能发动机）非常畅销。据说该款汽车的问世是由于公司领导层对工程师提出的一个挑战："设计一款能从纽约一路驾驶到旧金山中途不用加油的汽车！"

第四章 组织绩效

当目标在现有条件下十分难以实现时,公司应提供必要的支持,使研发出新工艺或新产品成为可能。创新需要正确的方法,并坚持不懈,有时还需要付出多年的努力。

据报道,巴西石油过去在深水海域只能通过潜水员作业,开采深度为100米。那时,壳牌石油已经能钻到300米深。当时的工程师约瑟·保罗·达·西尔维拉对他的团队提出了一个挑战:"巴西只在公海有机会开采到更多的石油,因此我们必须在深水区域达到世界领先水平。伙计们,我们的目标是钻到1500米深!"巴西石油围绕这个目标制订了大量的计划(启动了250个专项),搜寻国内外的知识,全力投入研究创新之中。6年后,1500米深的目标实现了。现在巴西石油拥有最尖端的深水石油勘探技术以及可复制的创新模型。如果要勘探盐层下的油田,则需要达到7000米的深度。

上面的实例给了我们信心和希望,我们也许应怀抱这样的信念:每个组织都有进一步发展的潜力。

问题(或目标)既不应当太难实现,让团队成员一下子就充满挫败感,也不宜太过简单,令团队成员无须做出努力就可找出解决方案。设定的目标必须能促使组织持续不断地探索新知识。

怎样设定目标

设定目标是为了缩短理想与现实的距离。

——细谷克也[①]

对我而言，细谷先生的这句话体现出人对于实现理想、追求卓越和成为"最好的"有本能的渴望。组织应培育和提倡渴望成功的文化特性，在组织中创造这样一种氛围，即无论是在杰出人物取得成就时，还是在组织实现宏大梦想时，抑或仅仅是由于与优秀的人才共事，组织的成员都能感受到由衷的喜悦。我有幸多年来始终感受到这种情感，这也是我生活中的乐趣所在。

显然应根据战略规划来制定目标。但如果没有正式的战略规划，那么在各类待解决的问题中，应将财务目标作为优先标准，在选择其他类别的目标时财务目标应是指导性的。根据战略观点和一些简单的原则也可推导出部分非财务目标，比如工作事故、污染指标和工作满意度指标等。

在组织的各管理层次，于全年度开展一些管理活动有助于组织设定自己的目标。以下介绍这些管理活动。

[①] 日本管理专家，著有《构建品质经营体系的实践集》《新 5S 活动推行手册》等。——译者注

第四章 组织绩效

定义"差距"

应当培训所有的总监、经理和主管判定自己工作范畴内的"差距"是什么。差距的价值在于为制定合理的目标提供基础,此外,差距也指出了管理的方向。差距代表了指标当前水平与理想水平之间的差异。理想水平可以是其他公司的最佳水平,可以是基础工艺中化学反应的化学计量值,可以是"零事故"、"零延误"、"零缺陷"、"零损耗"这样的完美数值,可以是给定变量的一个标准差,还可以是令人满意的流程速度(精益理论的原则)。总而言之,要以一个卓越的对象作为参考指标,即使它仍是理论上的、尚未在实践中有过成功的先例也是如此。在销售环节也一样,既可以比较销售人员绩效、产品市场表现和不同的市场区域,也可以比较在不同地区、不同的经理领导下、不同销售渠道中的销售利润率。

初学者会畏惧差距,因为他们将差距错认为目标。然而差距并不是目标。定义差距的目的在于为管理活动提供对未来的愿景,并为设定目标提供一种理性的方法。目标要处于差距的范畴内。有一个制定年度目标的法则,即将目标定为差距的50%。公司往往能够超额完成目标,事实上也应当如此。但是该法则对一些情况并不适用,要仔细分析每个具体案例。我们在定义差距时要有野心,并时刻牢记工作中的真正快乐来自团队合作共同实现目标,来自分享对如何建设优秀公司的观点。

划分优先级

"有许多优先目标等于一个都没有。"这句话绝对正确。每位领导者都应当有3~5个优先目标,不要超过这个数字。应在各个管理层次上将事项进行优先排序,在排序时最好以财务标准为依据,也可以选择其他与财务无关的问题作为公司的优先目标,比如缩短产品交付期限、降低人员流动率等。

分解目标

整个组织的主要目标来自战略目标,由此可以看出策略管理的重要性,策略管理能帮助人们正确地分解目标、整合全公司的力量、使目标便于跟进并进行月度纠偏。图4-5描述了如何从总监到车间主管进行目标分解。在目标分解中,各层次的目标之间必须相互关联(如果主管达到了目标则经理的目标也能实现),并且在表述各个层次的目标时要调整措辞,从战略性指标(息税折旧摊销前利润)到通用性的指标(整体效率),再到操作性的、可执行的指标(减少空闲时间)。目标的数值应在数学计算上相互关联。

第四章 组织绩效

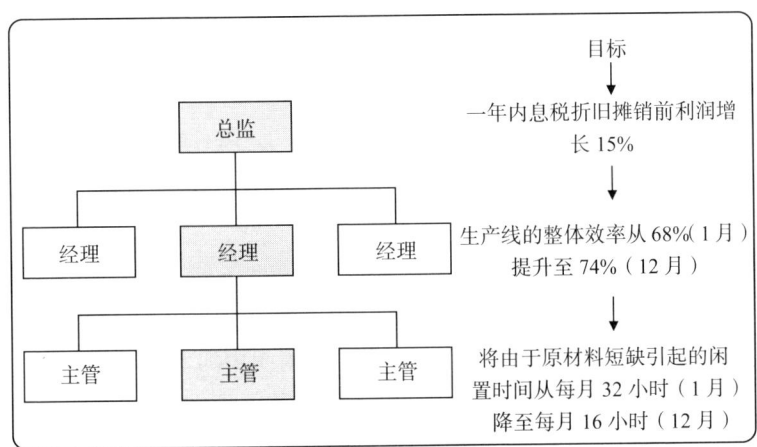

图 4-5 用以演示目标分解结构的模型

对目标设定部分的总结：

（1）目标在所有管理层次上都应具有足够的挑战性，以驱动组织追求新知识。

（2）不应制定令人气馁的目标。目标应该是人们觉得实现它有难度但仍相信自己能够实现的。（"如果已经有人成功了，那我也可以！"）

（3）设定目标就是为了实现。在绩效评估体系中应考虑到这个事实。

（4）目标应当与组织的预算情况一致，并与预算保持联动。

功能管理与部门管理

有些目标需要部门来推动（垂直目标），而有些目标则需要功能体系或部门协作来推动（水平目标）。

所有组织的功能都是为人提供服务：客户、员工、股东及社区，即利益相关者群体。功能管理就是管理这个群体的利益，关注组织所实现的功能。而部门管理关注组织中的各个部门。组织目标的设定与分解需要平衡这两类管理工作。公司在本质上是垂直组织的（部门、层级体系等），但功能则是水平组织的。

读者应清楚这样一个事实，即本书是遵循功能管理的思路而写就的。功能管理关注利益相关者，即关注组织系统要优先实现的功能。西方著作中称这种管理为"跨部门的"，但事实上，在西方世界里"跨部门的"管理仅用于某些部门间的项目，不像丰田公司，在一个更广泛的意义上使用该词。图 4-6 有助于理解这两种管理各自的内容。

从图 4-6 中的示例可以看出，四位部门总监（采购和物流、产品设计、生产、销售）都会忙于自己部门的问题，没有意愿去处理利益相关者的问题。涉及利益相关者的问题通常需要整条价值链的参与，功能管理委员会关注功能性问题（目标），负责为此类问题制定解决方案。部门管理的责任则是执行这些方案，以实现目标。功能管理与部门管理有很大差别，功能管理需要花费数

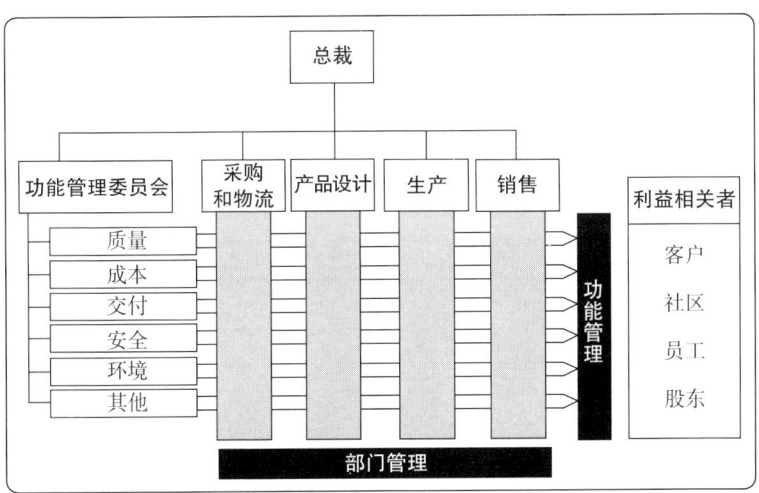

图 4-6 用以说明功能管理和部门管理间关系的组织结构图

年,要有坚持不懈的强大毅力以及对各人担当角色的充分理解。丰田公司在执行功能管理时遇到的重大难题是对"功能"的概念缺乏统一的理解。起初丰田公司在功能管理中确定了 24 种功能,随后由于管理起来有难度,这个数字降到了 8 种。如今,丰田公司在功能管理方面已经有了超过 40 年的经验,功能管理被认为是丰田公司的管理优势之一。日野建议每个公司都应从质量功能和成本功能开始实践,学习功能管理的机制和功能的概念。

尽管部门管理主导着组织运营,但功能管理能保证组织不偏离焦点。组织目标是功能性的,分解这些目标时应首先沿着主要流程进行水平方向的分解,之后再于各部门之内进行垂直分解。这也是策略管理的最高级阶段。

日野强调应明确各部门的职责和相应功能,并提出功能管理委员会的日常工作包括以下几点:

(1)将功能性目标分解。

(2)制订计划以实现目标。

(3)对开发新产品、购进新设备、扩充生产线以及扩大销售队伍等做出规划。

(4)处理重大运营问题。

(5)为了完善地执行方案而制定策略,以减少可能的阻碍。

(6)确保纠偏措施得到实施。

(7)监督战略规划指导下的经营活动,确保其得到长期执行。

(8)能够保证组织彻底实现其功能的其他事项。

日野还为成功地进行功能管理提供了其他一些重要建议:

(1)对组织要实现的功能进行严格筛选。厘清对公司实现目标来说必要的功能有哪些,弄清楚各部门要怎样活动以实现功能。该部分内容要明确地体现在《质量控制流程图》和《管理标准》中。

(2)不要将功能管理看作非正式的管理活动。功能管理是以系统、标准、指标、审计以及在问题解决领域富有经验的高素质团队为基础的。

(3)功能管理委员会作为组织机构,毫无疑问应位列高级管理层,由最高决策者直接管理。在利益相关者面前,该委员会应具有其职责所要求的相应权威。

组织的功能性问题（来自利益相关者）本质上来说是跨部门的，通常没有得到恰当的处理，而功能管理正是负责处理此类问题的。功能管理的本质是解决问题。由于这些问题具有跨部门的特点，因此更困难，要求团队必须在分析方面接受过良好的培训。

功能管理执行起来并不简单，丰田公司十分谨慎地区分了"业务"（部门管理）与"行政"（功能管理）这两个概念。业务工作直接处理现实状况，负责执行具体经营活动，因此具有优先权。然而，组织也必须意识到对功能性指标的责任。行政人员除非得到管理层的明确授权，否则将以类似"智慧母亲"的形象存在于背景中。不过一旦有关系到利益相关者的问题出现，行政人员就要像消防队员冲进火场一样参与到行动中来。

有人问我在功能管理上使用质量保证体系（Quality Assurance System）中的标准是否足够。我总是回答他们：当然不够！如果这样就可以满足功能管理的需求，那么就没有公司会出现质量问题了，也没有公司在利益相关者的满意度上存在不足了。确立功能管理的困难之处在于人们缺少对系统层次体系的理解，缺少对于在功能管理与部门管理相重叠时如何行动的理解，而不是由于缺少制度和标准。难题在于人和组织，而不在于缺少规则。

最后，我想请读者思考如下的观点：随着功能管理的开展，策略管理不再是结构性的（自上而下的分解部署），而成了功能性的（从流程的结果到方法）。在我们关于策略管理的书中已经预见到了这种情况，在书中，我们认为这种情况是策略管理的最高级阶段。

第二部分
管理方法

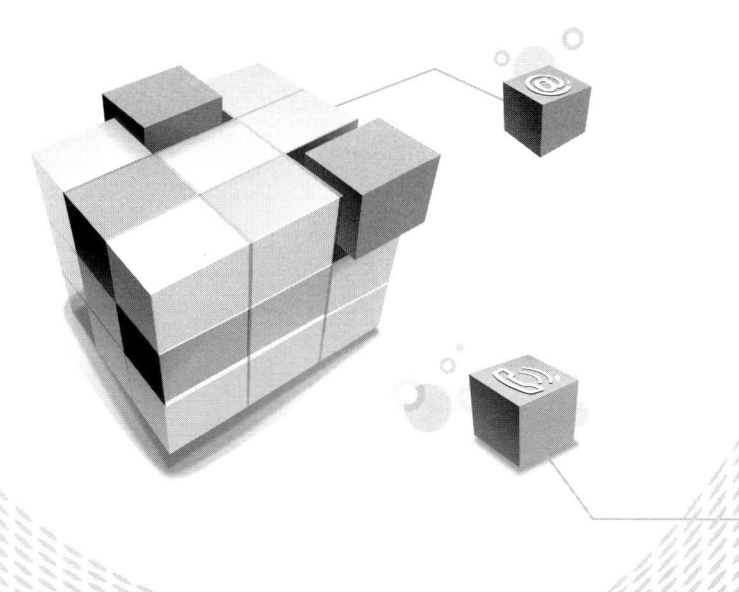

第五章　系统分析

我们并非生活在一个从问题到行动再到解决方案的单向世界中。相反，我们所处的环境是持续循环的。每项行动都基于当前情况，又影响着未来，而改变后的情况又成为之后行动的基础。在这个过程中，没有起点与终点。反馈圈连接着每个人。每个人都对自己以及他人过去的行为做出反应。

——杰伊·福里斯特

我深信，专业的分析已经并将继续为民众、公司和国家带来更大的变化。传播的信息越多，我们就越需要在各行业、各组织展开分析实践，了解事实真相，做出正确的决定。这种意识通过该主题的大量文献而广泛传播，甚至还出现了关于"分析时代"的讨论。我不知道如何来强调，因此希望读者能够通过本书，对分析与系统概念有一定认识，从而更好地理解系统分析的含义与重要性。

获取知识与拓宽知识

一旦通过功能分析确定了真正的问题（或目标）是什么，下一步就是制订行动计划并解决问题。行动计划是对所有决定的总结。计划是为了获取知识、拓宽知识，从而降低决策过程中的不确定性。制订行动计划的方法有很多种，有简单的，也有复杂到需要几个月的。这与可用知识的多少以及知识获取难度的大小有关。

要制订健全的行动计划，我们必须掌握所需的知识。如果刚进公司的新人有一些可用知识，他完全可以说应该如何解决问题，达成目标。这就不需要行动计划了。如果事情是这样的话那就太好了，因为公司将能解决最迫切的问题。不过，随着时间的推移，必须取得新的成果。在新人的知识已经完全转化为成果后，行动计划就不能再根据新人的建议进行设计。这就必须开始寻求新的知识了。

所需知识可能会分散在公司各成员之中。（没有人会拥有所需的一切知识，但大家所拥有的知识的总和可能是足够的。）如果我们将所有人聚集在一个房间开展头脑风暴，4~6小时以后，依托参与者的能力，我们可能会想出一个最终的行动计划。和上个例子类似，经过一段时间，这些人所提供的知识将会转化为成果，那

第五章　系统分析

么我们就需要通过其他渠道来进一步获取知识。目前可获得的知识限制了问题的解决。换句话说："可获得的知识是实现良好成果的限制条件之一。"

消耗完所有工作人员的知识之后，公司将寻求其他知识来源：

（1）外部来源，如顾问、技术人员、（技术领域的）教授、文献分析、对其他公司的访问、会议等。

（2）使用模型（见附录）进行信息分析与信息综合，作为创造具体的新知识解决所涉问题的一种方式。研究与开发是分析与综合的一个特殊情况。

事实上，上述方法可以同时进行，因为分析实践需要技术性知识，而这些技术性知识，无论是生产过程中的知识，还是在实验室中所获得的知识，又往往需要从其他地方获取。对于一个公司而言，分析阶段最适合汇总技术性知识，因为有明确的需求时，知识能够更好地被吸收。

关于系统思维，我们现在来思考一下公司开放程度的问题。一些带有本地文化特色的公司往往会拒绝外部贡献，这种习惯遏制了公司追求更好、提高竞争力的想法。要获得卓越成绩，公司必须开放，让知识流入。我们必须明白，公司的发展是一个积累知识的受教育过程。

关于"目标"概念

安全机构使用"目标"一词,定义在问题解决过程中所必须分析的东西。"目标"一词所表达的概念覆盖面广,与每一个公司都息息相关。目标是问题所涉及的所有终端与方法的总和,或者是一个与问题相关的所有结构、过程和功能组成的系统。例如,目标可能是组织、生产线、产品、机器、个人、销售渠道或国家的金融体系,这取决于是什么疑惑(或知识差距)阻碍了解决问题的决策。

限定目标并非总是那么容易。我想起了一个轧板机的故事,这台轧板机长期以来有一个严重问题。多年来,它生产出的卷轴的头几米都皱巴巴的。到今年年底,大量金属板被浪费了。在这个故事中,目标应该是什么?轧机?机械系统?电力系统?轧机缸?还是整条生产线?我们不断把目标范围扩大,最终经过几个月的努力找到了原因。公司工程部通过电子测试发现设备的安装有问题。错误一被纠正,问题便迎刃而解了。

目标必须由充分了解系统的人制定,这样才能提高找出真正导致问题的原因的机会。

例如,生产线上如果出现问题,其原因通常不是在最先发现问题的设备上。在这种情况下,如果选择的目标是最先发现问题的设备,那么问题将永远无法解决。如果目标换成生产线,那么就可能能够解决。

另一个例子是既定产品的市场份额损失。目标应该是什么?销售部?市场部?产品研发部?开始分析时,目标的选取应该尽量大一些,随着对问题的进一步了解,再慢慢缩小范围。因此,目标分析的过程应当是互动的。

关于分析与综合的概念

分析可以定义为"检查各个部分,以了解整体的性质、比例、功能与关系等"。

信息本身可能是没有定形的,通常不会清楚地显示内容。想象一下,存储在计算机数据库表格中的数千个图表或者互联网上的大量可用信息,如果不加以分析,它们是毫无价值的。通常这是一个理解可用信息的复杂过程。此外,分析总是与"目标"有关。

图 5-1 展示了通过信息分析将信息转化为知识的模型。注意,在分析时,我们使用了有利于信息理解的模型。信息是无定形的,而知识又是从信息中提取出来,可以在决策中使用的。

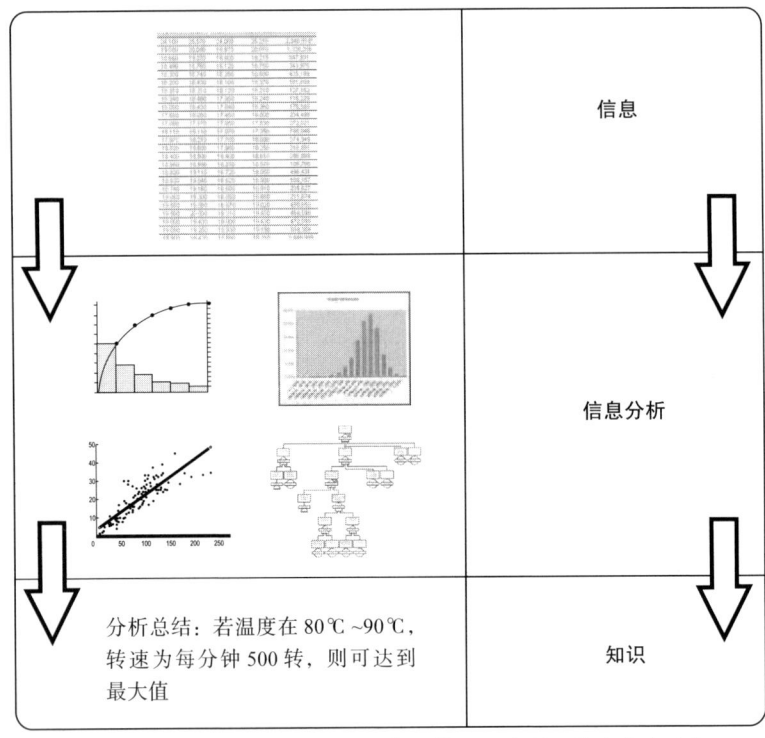

图 5-1　从信息及其新结果中获取的知识（属于笛卡儿方法）

在军事行动或警务活动中就更容易理解了，一名成功的指挥官必须确切地知道在何处、如何保卫自己及其兵力，以及在何处、如何实施进攻。对于计划执行者来说，安全可靠的防御计划或攻击计划需要基于信息分析，完全了解目标。

在商业或政府方面，情况没有什么不同。如今，随着管理的广泛应用，在没有事先分析成本结构的情况下，实施成本削减计划几乎是不可能的，因此我们可以确立一个确切、合理的目标，明确主要战线以及应对方法。

信息分析有助于更好地了解目标，从而使信息综合成为可能。奥雷利奥将综合定义为"将具体元素或抽象元素聚集成一个整体；融合，构成"。综合旨在了解，即建立"目标"的最终模型。有了目标"模型"，我们将对行为有一定了解，并且有信心进行操作，从而最大限度地发挥效果。

简单地说，通过使用模型，分析大量信息，去除一切不相关的东西，我们最终将得到一个关键信息的模型，即综合，或者说是解决问题所需的最终知识。

通过模型进行目标分析

实际上，世界万物可以很复杂。为了理解这种复杂性，科学家试图通过简化现实来掌握自然现象，这就被称为"模型"。模型可以帮助我们将知识可视化。

不仅仅是在科学世界，在组织世界中，模型也是现实的表征，可以用数学方法或图表加以解释。图5-2有助于解释科学理解所涉及的过程。箭头表明，科学理解的过程是所感知的现象与观察者之间的连续互动。观察者先通过分析，将问题分解成部分，帮助理解，增加相关信息，去除无关信息，列出优先顺序，最后构建出目标系统的最终模型,即信息综合。

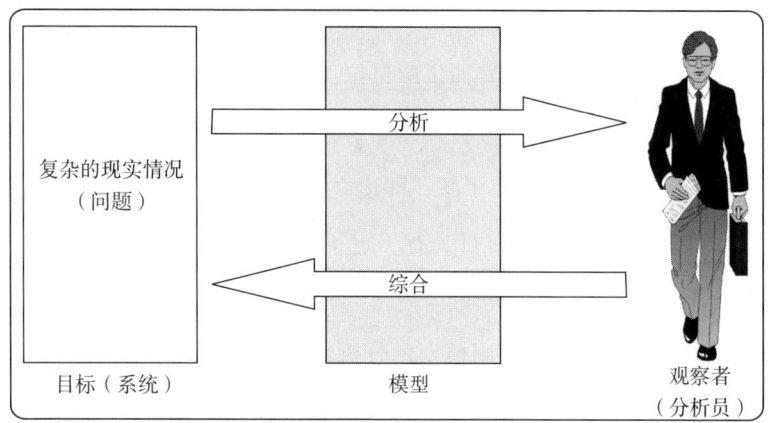

图 5-2　使用模型理解复杂系统

在分析系统问题(即系统功能丧失)时,我们必须以某种方式展现产生问题的结构和(或)流程,以便更好地了解问题。

模型应该描述问题源头所在的结构或流程。我们在日常生活中可能想都没想就使用了模型。例如,树形图和流程图通常用于对引起系统功能丧失(问题)的结构或流程建立模型。在此过程中,图表就是模型,有助于读者理解相关概念。简单的 xy 图(x = 自变量或原因;y = 因变量或问题)是帮助我们了解两个变量之间关系的模型。

模型是表示导致系统功能丧失的结构或流程的心理建构,是帮助我们理解目标功能、促进创新性思维的有效沟通工具。分析人员要尽量以最好的方式呈现分析的综合信息,确保大多数人能理解发生了什么,从而从中学习和合作。总的来说,模型对于知识获取非常重要。模型应该呈现知识,达到"看一看就足以学习了"的目的,因为沟通和学习之间有着密切关系。

建立模型的第一步是定义系统,系统应包含所感兴趣(目标)的部分,以便生成的模型可以与问题相匹配。解决方案中提出的问题应只考虑与系统问题有关的部分,而无须寻求其他任何建议。正如我们接下来要说的,问题相关系统(目标)的建立是规划过程的第一步。

规划过程

不管问题有多大,是何种类型,规划过程有且仅有一个。规划过程的指导原则如下:

(1)规划必须始终从结果到方法(从下游到上游),经过信息分析与综合,直到找到满意的解决方案。

(2)从下游到上游的过程中,应进行优先级排序(应确定优先级标准,并始终先考虑优先级最高的)。

(3)许多因素可能会影响既定结果,但其中 20% 就能改变结果,解决问题(帕累托法则)。

(4)规划是交互式的(分析人员和技术人员之间的互动),主要是为了寻找解决某一问题所需的知识,参见图 5-2(人们得到分析后的信息，获取了知识，检查可用的技术知识后，又需要新的信息，直到形成用于决策的一幅完整画像）。

（5）分析人员与其他各方之间的互动取决于交流过程，随着对互动的关注，知识将有助于所有互动参与者。

总而言之，规划有三个重要原则：

（1）分析与综合原则。

（2）关注与参与原则。

（3）排序与优化原则。

规划时，不管系统大小如何，我们都需要评估系统的必要变化，从而加以改进（或使用系统思维的语言，使功能可以满足新制定的需求或目标）。系统以结构、过程和功能为特征。在规划过程中，必须考虑这三个系统特征。相应的，当我们分析一个系统（目标）时，我们有三种基本的分析形式：

（1）功能分析：分析系统与时间、地点、类型和症状相关的结果。可以与类似系统进行比较，以便了解更多问题相关的知识，从而促进目标的建立（基于系统间的差异）。

（2）现象分析：分析问题的初始情况。可能有以下两种：

结构分析（纵向）：分析引起问题的系统结构（目标）。每次我们谈起结构，人们往往会想到分层结构。这里并非指分层结构，而是指问题根源的结构。如果问题与成本有关，我们将剖析成本构成的结构。

流程分析（横向）：分析引起系统内部问题的流程（能量、材料或信息）及其对问题的影响，不要与分析具体问题成因的"过程分析"混淆。如果问题与成本有关，则需要明确导致问题的流程。

（3）过程分析：这是分析过程的最后阶段，针对前几个阶段的主要问题，引发对数十个、数百个、数千个具体问题的分析。过程分析寻求每个问题的具体原因，以便采取具体的行动。

图 5-3 是一个总体规划过程。如果将这个规划过程与长期目标挂钩，我们就有了战略规划。如果技术人员以同样的过程解决功能管理中遇到的难题，将能解决操作问题。此过程也适用于工人，这就是品管圈。同样的过程也可用于解决公司高层管理者本年度可能遇到的一些主要问题，这就是决策管理，其中主要问题被分解为一些具体的问题或目标。对公司目标的正确部署以信息的分析与综合为基础。从系统思维角度出发，如图 5-3 所示，目标部署也是功能部署（部署的每个具体问题将属于具有相应功能的系统）。

计划永远不是完美的，它只是呈现了我们当时对于目标的了解。计划中，可能或多或少有些行动是不必要的，甚至是错误的，因为分析实践并不总是完美的。我们必须对计划持有谦虚的态度，在努力实现目标的过程中，随着对目标理解的加深，我们应对计划中的错误加以纠正。如果在每月跟进的过程中意识到目标无法

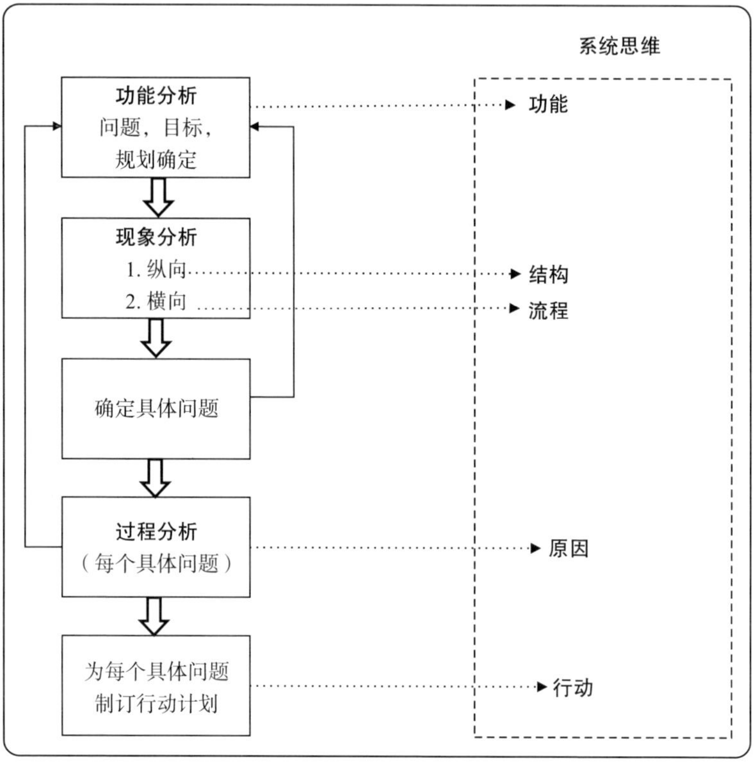

图 5-3　规划的简化流程模型

实现，就有必要进行再次分析，对计划进行改善，此次分析将有更多关于目前情况的信息与知识。

目标未能实现不是犯罪。不应该在后续会议上提出任何借口。借口并不能组建一个公司，借口只会让公司垮台。没有实现目标的管理者应当与其团队一同再次分析问题，并在会议上提出补充计划。这是理想的高层管理状态。

第六章　如何进行分析

最好的分析是最简单的，只要能产生必要的理解即可。

——唐纳德·惠勒

分析和综合的总体目标是减少决策中的不确定性。

提出问题或建立目标（两者其实是同一件事）时，大多数人的第一个冲动就是想出一项旨在解决问题或取得成果的行动。许多人相信自己对一切都有把握，问题一提出便"提议"一项解决方案。

2001年巴西能源危机期间，我是危机管理委员会的成员之一。在巴西总统府召开会议的第一天，有一位参会者提出"全国实施教育性灯火管制"，"提高人民危机意识"。委员会主席婉拒了这个提议。我们开始主动认识问题，确立目标，起草行动计划。巴西能源危机的管理是成功的，只是后来我们才从巴西军队的审计中知道，被审计的900家医院中，只有40家医院的发电机可以正常运行。如果我们当初实施了

"全国教育性灯火管制",很多人会死亡,特别是那些没有能力支持这种测试的医院。

笛卡儿提倡直觉的使用,直觉源自在生活中获得的无意识知识。但公司管理却不能基于主观意识。直觉是一种假设,不会变成主观意识,必须通过分析和测试来对假设加以证实。因此,如果我们有一个假设的解决问题的方案,我们可以直接对引起问题的原因进行分析(过程分析),测试所提出的解决方案是否可行。

然而,在没有真正的直觉的情况下,最好的做法是进行彻底的分析。

一般分析方法

要实现公司的战略目标(这将是我的读者、董事和经理的目标),你应该有一种可以学习的方法,并且以一群人都明白的语言表达出来,因为高层管理者的问题是由许多人一起解决的。图6-1展示了主要问题(战略目标)的一般分析方法模型。

图6-1展示了高层管理者的角色:部署目标(问题),使整个团队可以相互合作,实现目标。最后,所部署的目标(具体的问题)应纳入员工日常工作管理之中,对每位员工都有效,并为公司绩效评估和薪酬制度提供依据。

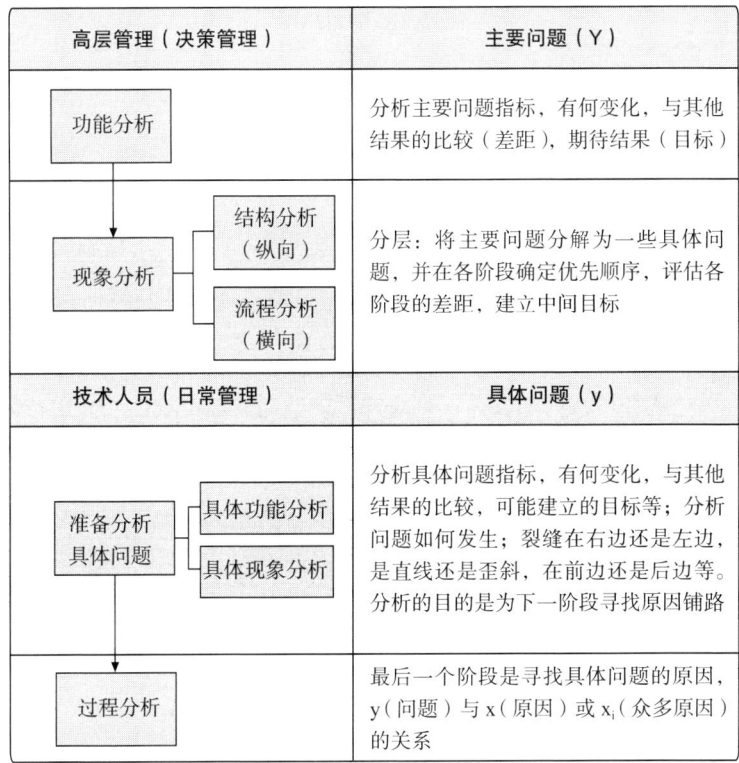

图 6-1　高层管理者主要问题的一般分析方法模型

分析可能会受限于可用的数据。重要的是不要忽视整个系统（目标），注重对系统成分的理解。信息的可靠性也应当得到重视。我们可能会遇到事先想不到的问题，或者和我们当初所想完全不同的问题，这些都是因为信息（测量）错误而导致的。

在本章中，我们引导读者通过图 6-1 所示的各个阶段，更为详细地了解相关内容。

功能分析

建议分析人员从一开始就准备目标分析的最终汇报。对预期发生之事建立一系列模型并进行汇报，即做一个"虚拟报告"，这将有助于"组织想法"。在分析过程中，可以对报告进行调整。这样做的优点在于，不仅有利于想法的组织，而且能将现阶段的分析展示给其他参与者。

功能分析，恰如其名，是对产生问题的目标系统的功能进行分析。功能分析侧重于目标系统的最终指标、历史、变化过程以及与类似系统指标的比较。功能分析的主要目的是更好地了解问题是什么、差距有多大，从而确定具有挑战性但又可以实现的目标。

识别问题和目标：假设有人负责联邦政府部门（或公司、医院、部门等），他应该首先关心什么？我建议他应该问他的团队："我们部门的职能是什么？"（一个部门就是一个系统。）一旦明确了各功能和功能指标，下一步就是进行功能分析，了解每个指标及其差距，可以建立哪些目标。这就是领导的意义。这也是工作总方向的第一步。无论问题是好是坏，总是与目标相关联的。例如，如果我们想要前后一致的产品，只要产品偏离了规格（目标），就会转化成为问题（甚至可能是长期的或者难以解决的问题）。如果我们想利用生产能力增加销量，则必须将我们的问题定义为"低销量"。即使销售人员表现得非常出色，我们也要宣布这个问题。宣布问题会带来喜悦，推动目标的改进。我们都知道，问题要么出现在系统功能的末端（负责目标的人应当有决定以何种方法解决问题的权威），要么是公司战略目标部署导致的。

验证指标变量：当我们对问题进行功能分析时，我们必须意识到，这个世界上的一切都是变化的，我们也一直在处理有关平均值的东西。例如，息税折旧摊销前月利润率是日值的平均值，根据不同因素而变化。如果我们需要（或可能）计算息税折旧摊销前日利润率并绘制图表，我们可以了解到其波动情况。

在所有组织中，无论是公司还是政府，指标都是如此。惠勒提出了公司指标的变化问题，以便于董事和经理人理解，这是一个很好的参考。我认为阅读他的著作很有帮助。一定要这样做！经常有人引导你去相信，指标正在改进，但事实上指标只是发生了正常的变化。为了确保结果有所改善，有必要通过统计数据验证在整个过程中是否发生了明确变化。这些事情很容易做到，团队成员肯定有人懂这种简单的技术。

我相信这句毋庸置疑的话："有变化的地方，就会有获得收益的机会。"假设我们有一个"低销售收益"的问题。现在，销售收益是一个平均值，可能会掩盖一些有趣的现象，而这些现象值得通过分析每个销售收益（每张发票）进行调查，可以使用一些适合的模型来处理变量，例如像图6–2这样的直方图。还有指标控制表等模型，可以用于验证指标的变化。

如上所述，平均销售收益是一个平均值，在图 6-2 中，平均销售收益是正数。当我们分析每个销售额（每张发票）时，我们会看到有些销售额高于平均水平，有些则低于平均水平。根据对该直方图的分析，我们认为有些销售人员的表现并不好，可能是给了更大的折扣，可能是某些地区的销量太少，增加了物流的负担，销量就下降了。或者还有其他可能。事实上，此功能分析已经表明，我们需要量化并对具体问题进行深入分析，从而确定问题的根源在哪里。这种对问题相关指标变量的识别已经确定了如何进行下一阶段的分析，或者叫现象分析。

比较指标：除了验证目标指标的变化外，另一项分析是与本公司或其他公司的相似指标进行比较，如历史价值、最低理论价值等。这被称为基准测试，是功能分析的一部分。

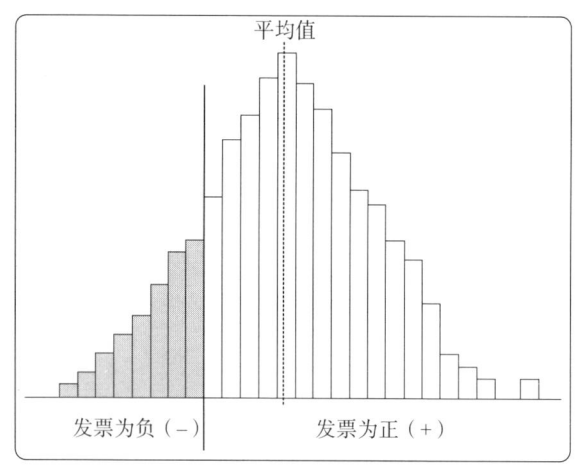

图 6-2　直方图反映了销量变化的分布

第六章 如何进行分析

我曾经在哥伦比亚参观一家公司。这家公司的总裁希望使用我们的咨询服务改善公司经营业绩。在与董事和经理的交流中,我注意到,有些人认为"没有问题"以及"工厂已经尽可能在做了",而这遭到了强烈反对。我已经习惯这种反应了,这在15~20年前的巴西也很常见。我平心静气地试图说服他们至少做一个诊断分析,但没有成功。后来,财务总监拿出了一张图表,简简单单地粉碎了一切反对之声。那张图表与图6-3类似,显示了公司息税折旧摊销前利润率与哥伦比亚其他公司以及其他国家(包括巴西)公司之间的巨大差异。现在,如果息税折旧摊销前利润率显示有获益的可能,那么就表明公司在整个业务领域必然有其他增长的可能。最后,我们与该公司合作了多年,取得了良好成果。这就是出现在一个正确时间的正确图表!

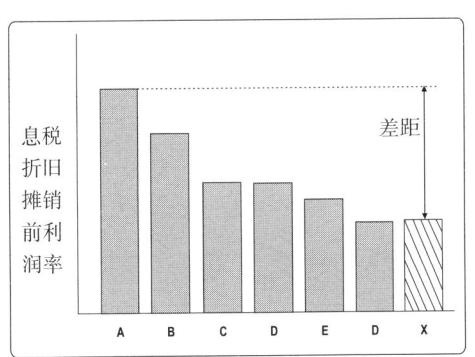

图6-3 该模型比较了X公司和其他公司的息税折旧摊销前利润率指标

比较指标有助于确定增长机会，并提醒公司成员，公司存在提升的空间。

了解问题的历史：最后，我们应该绘制一张问题指标的图表，了解一段时间内指标变化的情况。是在变差还是有所改善？问题是否得到了解决？是否有气候相关的季节变量？建立这些数据时，我们也应当明确有助于问题解决的增长机会，尤其是在财务收益方面。

图6–1让我们意识到，把一个主要问题分成一些具体问题并定义新目标时，重要的是用新的特征指标对新目标进行具体的功能分析。

验证成本收益率：公司的大多数问题（或目标）与财务绩效相关。（我发现对于政府来说也是如此。）在进行功能分析时，应通过评估该解决方案对公司息税折旧摊销前利润的真正影响，不断更新问题解决方案的财务收益情况。应该考虑公司的整体情况。理想状态下，应该有一个息税折旧摊销前利润模拟模型，反映问题解决方案带来的变化。问题可能会因突然的市场变化而失去优先性。在政府方面，特别是在教育、卫生和安全领域，实现目标缺乏一定的财政资源。政府面临的主要问题是找到有效、低成本的解决方案，并且分配资源来满足公众最迫切的需求。由于公共部门缺乏分析，尽管出发点是好的，但大部分稀缺资源用在了"与公众实际问题完全无关的方案"上。这种情况在一些公司也存在。

对问题的透彻理解将极大促进分析的过程,花些时间进行功能分析吧!

现象分析

对于组织高层管理者而言,现象分析和功能分析是最重要的分析类型,应当妥善对待,确保更准确地解决公司问题。

现象分析的主要目标是更好地了解与问题相关的目标特征,特别是,按照笛卡儿的建议,分成一些更小的系统(具体问题),以便找到更简单的解决方案。通常,没有经验的分析师会陷入分析与问题无关的目标结构之中。分析不是要了解目标的"一般知识",而是应当关注问题本身。这就是我们称之为"现象分析"或"问题分析"的原因。在这种分析中,我们必须回答以下问题:

(1)导致问题的结构是什么样的?

(2)导致问题的流程是什么样的?

如果问题与"成本"有关,而且想画一个树形图进行分析的话,就必须画一个成本树形图。现象分析主要是将一个复杂问题分解成许多具体问题。这就让我们:

(1)将工作分成可以更好管理的部分。

(2)在具体问题之中确定优先事项。

(3)了解每个人在解决具体问题时的职责。

在现象分析中,有两个概念非常重要:分层和排序,如图 6-4 所示。

分层比较简单,但要做好,就需要了解问题的相关技术知识。其目的是分解问题,可以使用附录中的模型,有以下两种方式:

(1)结构分析:分析问题相关目标的垂直特征。

(2)流程分析:分析问题相关目标的水平特征。

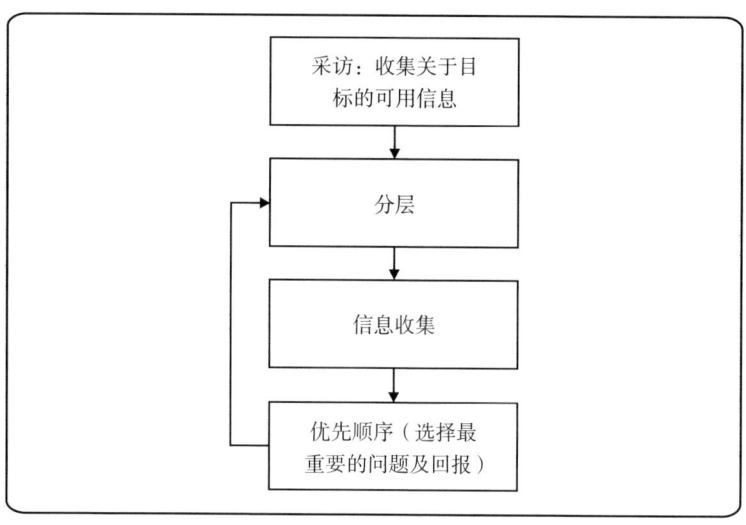

图 6-4　现象分析流程模型

分解问题的正确方式不止一种。上述两种方法可以单独使用,也可共同使用,并用上附录中所示的那些模型。

有一点常常被人遗忘:与现象分析相关的第一个活动应该是在公司和其他地方收集到的有关问题的现有信息。其中一种收集方法就是采访该公司或其他公司中的成员和技术专家。应做好采访准备,以达到最好效果。这可能有助于加快分析进程。以下是一些基本的采访建议(不要即兴采访!):

(1)采访时间应由受访者的主管安排。

(2)准备与采访主题有关的材料,阅读自传作为参考,在互联网上查阅相关资料。如有可能,请提前访问发生问题的地方。

(3)尝试获取受访者的资料。

(4)准备三个主要问题。

(5)不要问太多问题,少说一点,认真听并记笔记。采访应尽可能简短。

(6)在采访的最后,向受访者询问是否想就采访主题相关而你遗忘了的任何问题发表看法。

(7)在采访结束后发一封感谢信。

分层—结构分析(垂直特征)

可以根据时间、位置、类型和症状将目标进行分层,以便更好地了解目标:

(1)时间:例如合并前/后,日/夜,冬/夏,工作日/周末。

(2)地点:例如内部/外部,A/B/C事业部,A/B/C部门,A/B/C州,A/B/C区,左/右,国内/国际。

(3)类型:例如业务A/B/C,原材料A/B/C,客户A/B/

C，销售渠道 A / B / C，卡车 / 有轨电车 / 皮卡，柴油 / 酒精，机器 A / B / C，产品 A / B / C。

（4）症状：例如盈利业务 / 无利业务，缺陷投诉 / 延迟投诉，因工资 / 主管关系 / 工作条件导致的人员流失，获益发票 / 亏损发票，清晰 / 昏暗，干燥 / 潮湿。

举个例子（见图 6-5），我们假设所确定的问题是"高成本"，目标是"在年底将成本降低 3 亿美元"。在这种情况下，目标是针对整个公司而言的。因此，问题非常复杂，有必要将其分解成带有明显特征的一些具体问题（分层）。分层就是"如何分解问题"（或"如何做结构分析"）。这需要对公司有合理理解。在每个分层级别上，不同的人可能都会被要求帮忙，可能会去不同的地方，并且需要确定问题以便整合所需的技术知识。

分解问题有很多种方法，对目标的技术知识有所了解的人必须参与讨论，决定哪种方法是最好的（参见附录中最常用的分层模型）。在"高成本"这个例子中，问题可能会被分解为：按不同业务的成本、不同区域的成本，或者不同类型的成本来划分。假设在第一次会议上，决定按照成本类型部署公司成本，如图 6-5 树形图所示。

该分层将主要问题，即"高成本"划分为四个具体问题。尽管如此，这些问题可能还不够小，无法妥善解决，所以需要对每个具体问题进一步分层。每一个进一步分层都是独立的，可能需要其他人员加入，增添相关知识。

初步分层一旦完成，就会出现以下问题："我们知道图上成本的具体数字吗"，或者"我们现阶段的信息差距如何"。如果图 6-5 所示的成本未知，我们就必须收集这些信息，所以这可能如图 6-6 所示需要优先进行。

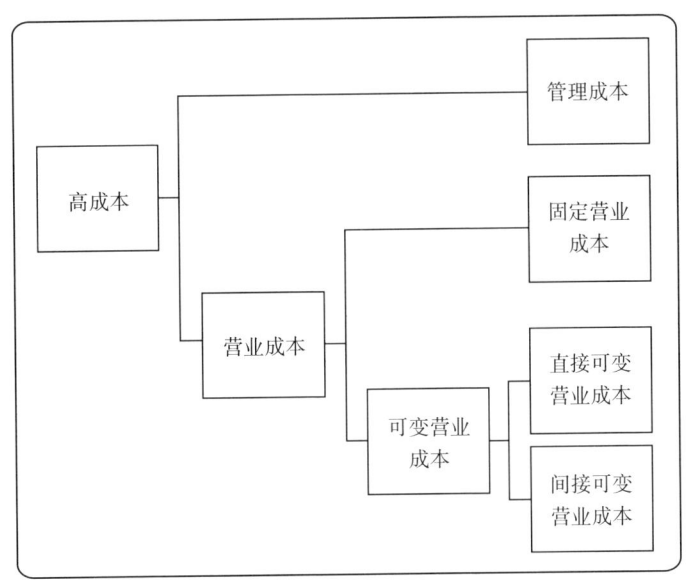

图 6-5　公司成本初步分层图

如图 6-6 所示，在分析阶段初期，我们已经了解到，如果我们想将成本降低 3 亿美元，我们必须处理"直接可变营业成本"的问题（我们的首要任务），由于这一成本的规模，其他类型成本对目标的贡献将会很小。因此，我们必须将四种成本分别进行进一步分层,特别是"直接可变营业成本",从而进行现象分析,直到我们的问题有了合适的范围。

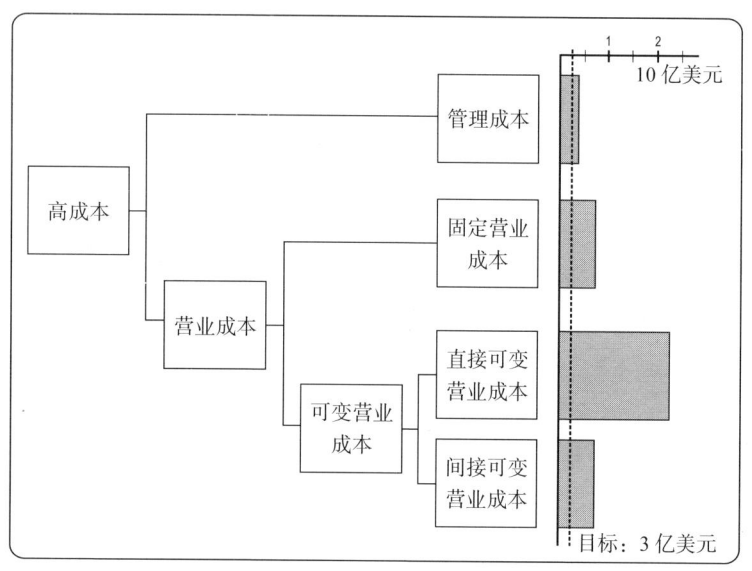

图 6-6　初步成本分层及优先顺序

将一个主要问题划分为一些具体问题的过程是部署目标的过程,也是决策管理的基础。我们可能会在遇到一些小问题时进行这种部署,仅从定性角度出发,没有确立目标,就完成了整个部署流程。另外一种则可能需要更多时间,是计算差距并在每个部署步骤中确立目标,这需要确保部署目标的总和等于或高于初始目标。这种部署速度非常快,因为每位管理者在之前就已经计算过差距。

我见过将主要问题分解为具体问题后,没有进行流程分析就解决了问题的情况。

有些时候,问题的范围一缩小,如何解决问题就会变得明显。然而,随着公司的进步,这些明显的解决方案将不再存在,现象分析和过程分析会变得越来越有必要也越来越复杂,需要用到更为复杂的模型。

分层—流程分析(水平特征)

在上述条件下,我们从目标垂直特征的角度对目标进行分析。在某些情况下,可以通过对问题进行横向分析,了解如何组织流程来实现分层。然后将分析重点放在附加价值链、支持价值链的过程以及管理过程这些会对问题产生影响的方面。对于这一分析,

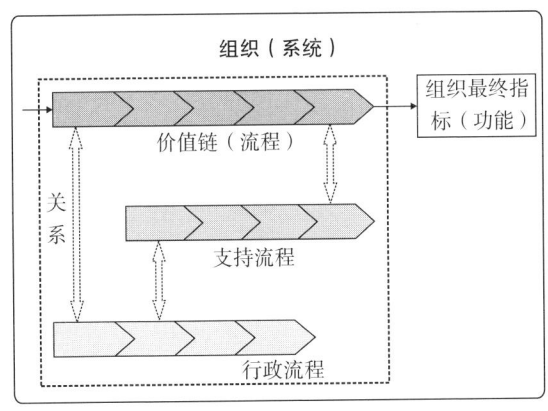

图 6-7 组织流程一览图

确定库存及其规模也是至关重要的，可以帮助了解管理实践以及因流程管理效率低而产生的现有问题。图6-7是一个简化的横向结构分析草图。

作为例证，图6-8是对巴西国家安全系统的抑制系统进行水平分析的简要概括，由法尔科尼咨询公司顾问制作。图中可以看到抑制系统的宏观流程图、库存、瓶颈问题（监狱系统）。库存在该过程中指的是不足。

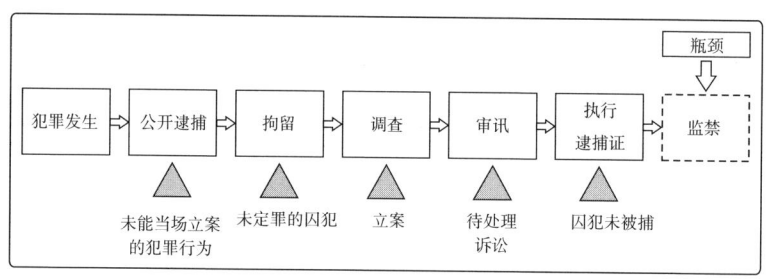

图6-8 水平分析案例

对水平特征进行分析时，我们是在处理流程，而这可能会将水平分析和过程分析相混淆。在过程分析中，我们探究原因与问题之间的关系（x如何影响y）。水平分析不是这样的。水平分析只是想更好地了解问题，问题如何发生，过程如何影响问题，过程中存在哪些其他具体问题、优先解决方案等。

现象分析的最后一个阶段包括列出要优先解决的具体问题（从初始问题开始部署），确定每个问题的目标，使所有成果的总

第六章 如何进行分析

和能确保主要目标（例如举例中的3亿美元）的实现，并划分每个人的职责（姓名及其目标）。

下一步是对每个具体问题进行过程分析。在解决问题方面积累的经验告诉我们，现象分析花费的时间越长，过程分析就越精确，越不费力。对于高层管理者而言，现象分析比过程分析更重要，因为具体问题不能由董事解决。重要的是，组织的主要问题会以理性、演绎的方式分解为一些具体的问题，以便在日常管理范围内得到解决。

关键是高层管理者能做到以下几点：

（1）根据对事实和数据（信息）的分析，以结构化的方式（通过使用现有模型），确保对目标（或问题）的合理部署。

（2）确保公司成员掌握了分析方法，并基于会议上提交的行动计划进行分析演示。

（3）确保行动的执行。如果有明确部署的目标，应实施能够实现目标的方法。

（4）投资一个可以在分析中使用的稳定电子信息库（数据库），从而在未来较短时间内解决问题（实现目标）。

（5）教导团队中在问题解决方法和统计数据（黑带专家）方面有良好基础的人。这应当在合适的时候进行（在公司已经实现良好的日常管理和决策管理之后）。

过程分析

过程分析的优先读者是公司董事与经理。如上所述,这是为想要推进团队人力发展的领导者所编写的。过程分析通常由其他人完成,因为必须通过部署公司的主要目标,确定上百个具体问题,然后对这些具体问题进行分析。过程分析通常是在日常管理的范围内进行。领导者应至少学习基本的分析程序,了解可以做些什么,并保证可以做好。最终,显而易见,领导者也将在过程分析方面积累经验。

过程分析是一个技术过程,可能涉及统计、专业软件、计算机、数据库处理、数学建模和系统仿真等,并且针对在"现象分析"阶段由公司成员分解出的每个具体问题,都应建立新的"目标",并进行具体的功能分析、现象分析和过程分析。

过程分析的目的是建立问题(y,因变量)与原因(x_i,自变量)之间的关系。因变量与自变量之间的关系可以在多层次上建立:

(1)通常,我们只想知道原因(x),例如由于屋内积聚灰尘,发动机烧坏了。

(2)可能还想知道其他原因(x)以及每个原因在多大程度上影响效应(y),从而确定优先顺序。例如我们想增加销量,提出了很多建议,那么行动的顺序应该如何。

（3）如有必要，可能还想知道是否存在多种原因的联合效应。例如动物饲料，一种营养物对动物育肥率的影响可能会通过第二种营养物而得到加强，单独一种营养物无法达到同样的效果。

（4）最后，正如每个分析师所梦想的那样，偶尔可以建立目标的数学模型，建立 y 和 x_i 之间的线性关系或随机关系，优化目标并对目标有更好的理解与控制。

解决问题的类型

由于公司指标的特点及其变量行为，根据问题类型，过程分析分为以下三种基本类型：

（1）因常见原因引起的分散问题。

（2）因特殊原因引起的分散问题。

（3）因偏离平均值而产生的问题。

在过程分析中，确定问题的类型对于确立方向非常重要。问题的类型是通过对想要解决的具体问题进行功能分析来确定的。这种具体的功能分析是可变分析，可以使用控制图和直方图模型。

我们可以通过一个例子来解释如何分析确定问题类型。假设一个公司的大问题是"高生产成本"。正如我们所看到的，这个主要问题被分为几个具体的问题。接着，我们分析其中一个具体的问题，即"W 型瓶子因直径超出规格而导致生产损失"。让我们来分析三种可能的情况。

情况 A：因常见原因引起的分散问题（在这种情况下，系统不会释放设定功能，需要重新调整）。

根据图 6-9 所示的功能分析，平均值在规格范围之内，但是瓶口直径值（y）分散，因此生产出的大部分瓶子不符合规格。问题 y 的明显变化表明原因也有很大差异。经验表明，在这种情况下，一般是因为以下原因：

- 操作指标不符合规格范围，或范围界定不明确（过于开放）。
- 缺乏标准、缺乏培训或缺乏对标准遵守的监督。

简而言之，分散问题通常与日常管理有关。

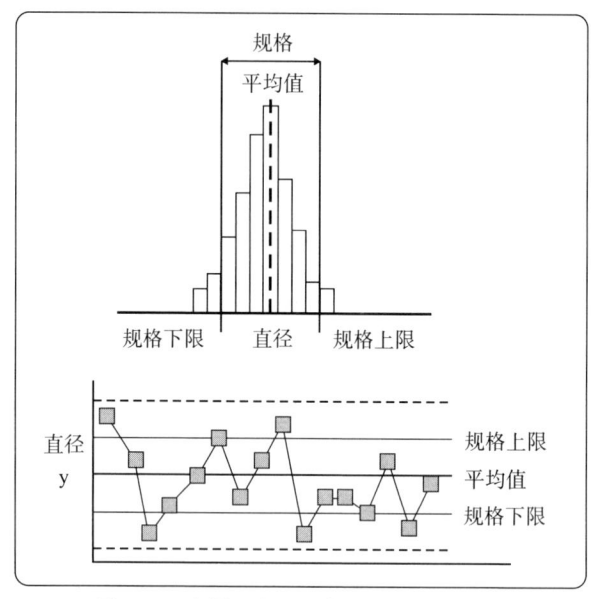

图 6-9　变量 y（瓶子直径）的功能分析

情况 B：因特殊原因引起的分散问题（在这种情况下，系统会释放设定功能，但会有一定功能损失）。

图 6-10 所示的功能分析表明，问题是由一些偶然发生的特殊原因引起的，而且必须避免。在这种情况下，必须做的是明确每个原因，建立人人都会用的机制，让问题不再发生。这样，系统将越来越坚挺，出现的问题会越来越少。

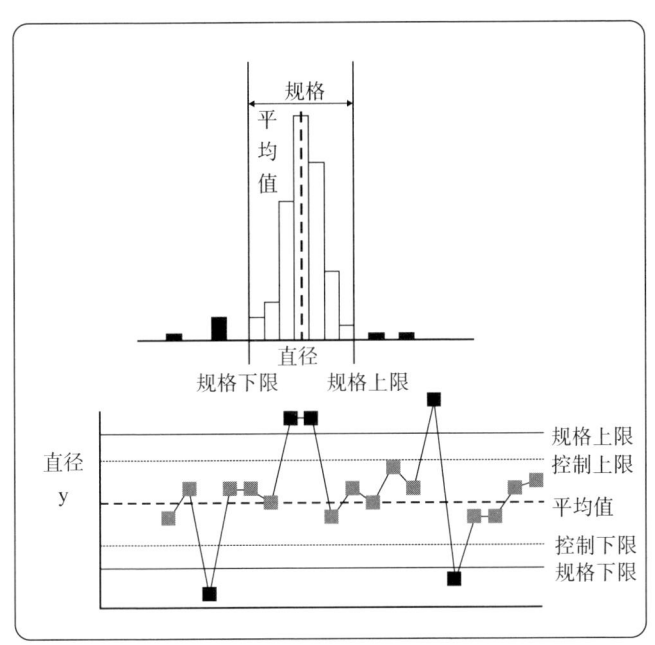

图 6-10　变量 y（瓶子直径）功能分析

情况 C：因偏离平均值而产生的问题（在这种情况下，系统会释放设定功能，但会因一个或多个设置的误调而造成功能损失）。

如图 6-11 所示，瓶子直径（y）的平均值变了。在这种情况下，假设 x 的规格一直保持在一定范围内，如果原因 x 也发生改变，y 的平均值一直都会变化。因此，我们又发现了另一个值得调查的现象，系统中容易影响瓶子直径的因素，即因没有正确设置而影响 y 的 x 变量。

经验表明，在图 6-11 所示的低分散情况下（日常管理良好），很有可能会出现规格错误。最可能的原因是操作参数的错误设置。

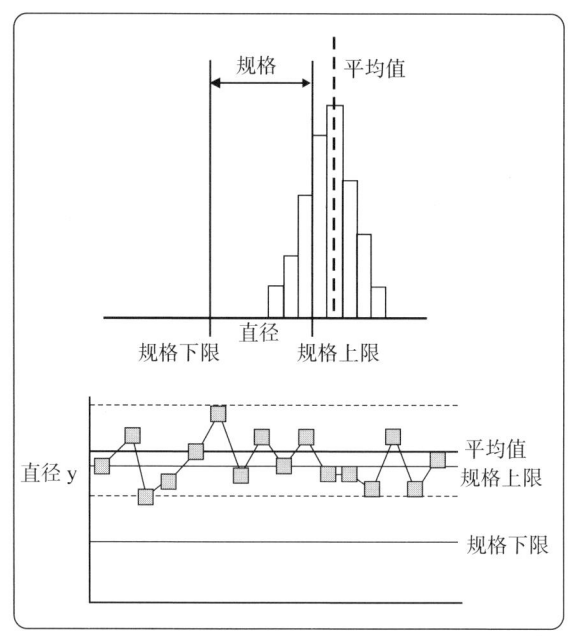

图 6-11 变量 y 功能分析（瓶子直径）

在这种情况下，回归分析与实验设计是界定理想设置的理想来源。

第六章 如何进行分析

总的来说，图 6-12 显示了过程分析实践中遵守的一般顺序。

为了不偏离正题，我们不会在这里深入探讨过程分析的流程，解释高层管理者实施的方法。这个主题的文献资料很多。然而，重要的是高层管理者应当了解一些目前需要深入了解的知识。

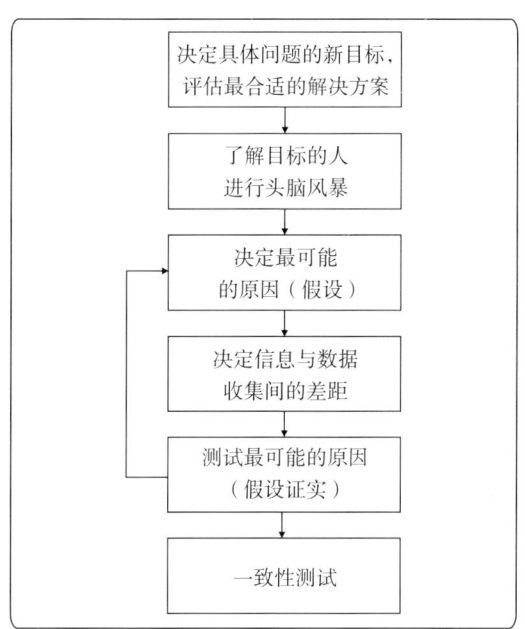

图 6-12　过程分析的一般方法

头脑风暴

需要强调的是，头脑风暴是公司引入技术知识的一步。头脑风暴如果做得不好，可能会导致问题无法解决或者投入过多精力于无害因素之中。以下是关于头脑风暴的一些重要事项：

（1）召集参会者是最重要的一步，这不是在召集人员而是在聚集知识。

（2）公司外部人员参与头脑风暴将变得越来越普遍，因为这是一种获取他们知识的机会。

（3）在头脑风暴环节所获取的知识量与领导者让所有参会者表达知识的能力成正比。因为有些人天生害羞，需要询问才能贡献他们的知识。

在头脑风暴环节，我们寻找造成系统（或目标）结果的可能原因。在收集这些信息的过程中，用数学方式来说，我们是在寻找因变量（问题）的相关自变量。图 6–13 所示的石川图模型展现了这一关系。

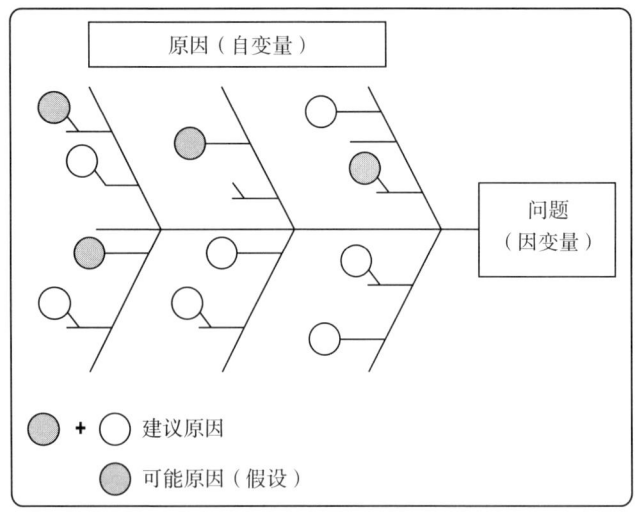

图 6–13　石川图模型（因果图）显示了变量间的关系

第六章 如何进行分析

对于从事这种变量关系的人来说，理想状态是通过等式建立变量关系，找到一个描述目标的数学模型。

乌利希（Ulrich）等人描述了如何进行"计算"，这是通用电气公司在杰克·韦尔奇（Jack Welch）任职早期使用的方法。该方法无非是通过头脑风暴决定行动方案并立即执行。对于从未以组织方式获取知识的组织而言，这是一个在一段时间内有效的好方法，会将获取的知识转化为结果。经过初始阶段后，公司必须寻求其他获取知识的方法。这就是通用电气培训6万个绿带和黑带（使用统计资源分析信息和解决问题的专家）的目的。

必须牢记每个公司都有自己的历史，有自己推进管理方法的速度。一家公司的总裁曾经让我帮忙改善他的管理体系。一开始，他的业务主管就要求制订一个黑带训练计划。我向他解释说还不是时候，而且我们有更简单、更迅速的方法。但我没能说服他，他还是坚持实施黑带训练计划。之后，我再也没有听说过他的项目，但知道有一些受黑带训练的人离职了。黑带计划的实施需要有健全的日常管理，保证对成果的维护，也需要决策管理，保证所有人的战略目标一致且具有同样的挑战性。每个阶段都有自己的时间。

假设测试

在头脑风暴结束时有了解决问题的办法,这是很常见的。但是,如上所述,取得进展的概率很小。那么就有必要对这些假设进行统计测试。

有许多统计资料测试头脑风暴中(或之前提到的直觉)提出的假设,建立了与问题的相关性。一旦构想出假设,并且有足够的数据可以用于测试,我们就可以选择工具了。

测试的目的是找出问题 y(因变量)和可能原因 x(假设或自变量)之间存在的关系,如图 6-14 所示。如果分析师在这个阶段取得成功,问题就解决了。图 6-14 以图解的方式简单评估了可能建立的相关性。

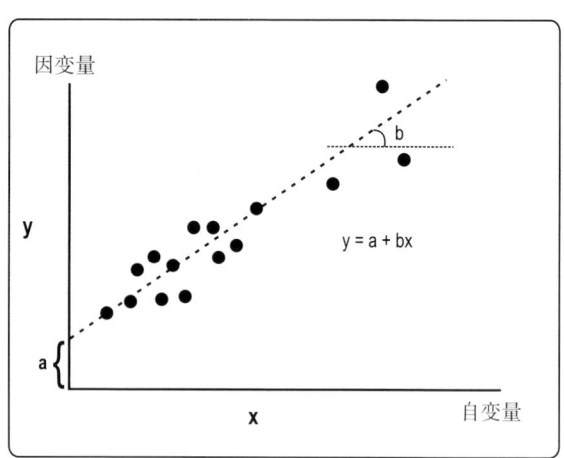

图 6-14 问题 y 与假设 x 之间的相关性

第六章 如何进行分析

大多数情况下,所研究的系统(目标)自变量与因变量的关系并不明显,且必须基于事实和数据寻找两者之间的关系。其中一个难点是了解是否有足够的历史数据支持分析,如图 6–15 所示。如果数据库足够,可进行多变量分析,解决问题所需的时间将缩短很多。

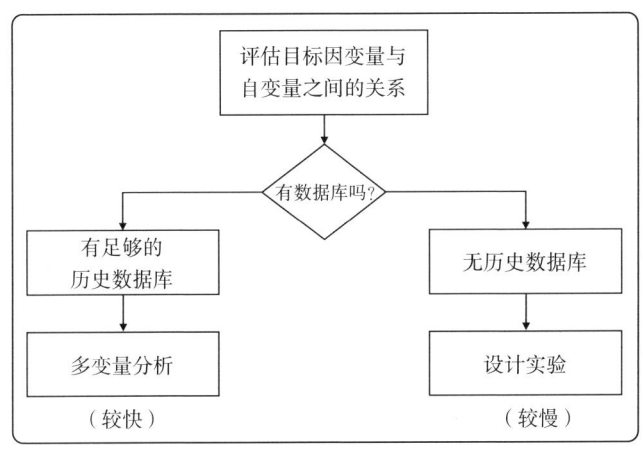

图 6–15　选择可用统计工具的模型

丰田公司系统地积累了过去整个公司的数据及其在电子媒体上的数据。通过该数据库,技术人员使用统计软件,在计算机上进行多变量分析,找到解决问题的方法。按照以上步骤,大多数问题在两周内得到解决。这是收集必要数据,使用"实验设计"所不可能达到的效果。

有趣的是,丰田公司在收集数据、存储数据方面所花时间是其他公司的五倍,所以它所有的问题,现在几乎都可以通过历史数据来解决。丰田公司有 700 名博士专家,帮助公司在信息分析基础上，解决从产品设计到产品销售历史的所有运营前端问题。

如果没有数据库的话，则必须生成数据，那么就会产生测试成本。在这种情况下，"实验设计"统计工具将用于设计一些成本较低的实验，同时维持相关性结果的可靠性。不过，过程分析所花费的时间会更长。该情况适用于研发项目和所有需要进行新型测试的领域，例如营销方面。

多变量分析：这是一种在大量数据中分析多个因果关系的方法。在我们生活的信息时代，多变量分析是处理以行列形式存储数据的理想工具，从而给出无定形信息量的意义。该统计资源可能有以下用途，例如：

（1）市场与消费行为研究。

（2）质量控制和质量保证体系。

（3）流程优化与控制。

实验设计：如果没有关于变量的可用信息，则需要进行实验，获取相关信息。该工具使得实验设计数量达到最低（较低的成本和较短的时间），但仍能产生大量统计信息。在公司，实验开销大，流程容易中断。实验设计可能有助于找到一些问题的答案，所以非常重要。如以下生产和销售领域的例子所示：

（1）我们要提高销售额。我手头有八种免费的礼品，我应该为经销商提供哪一种从而提高销售额呢？哪种礼品的成本收益比最高呢？我应该一次提供一种，还是同时提供几种呢？

第六章 如何进行分析

（2）我生产动物饲料，需要添加一些营养物增强育肥性。我手头有六种营养物，我应该添加哪一种呢？添加的比例是多少？

这种实验可能在生产线、小规模试验厂或实验室进行。

分析经验值

分析就像打网球，熟能生巧。你需要掌握大量资源、模型与数据。我注意到，利用新资源会让人在使用模型时更加自信，更为敏感。（有专门用于现象分析的模型，有专门用于过程分析的模型，也有两种分析都适用的模型。）还有一件事也变得越来越清

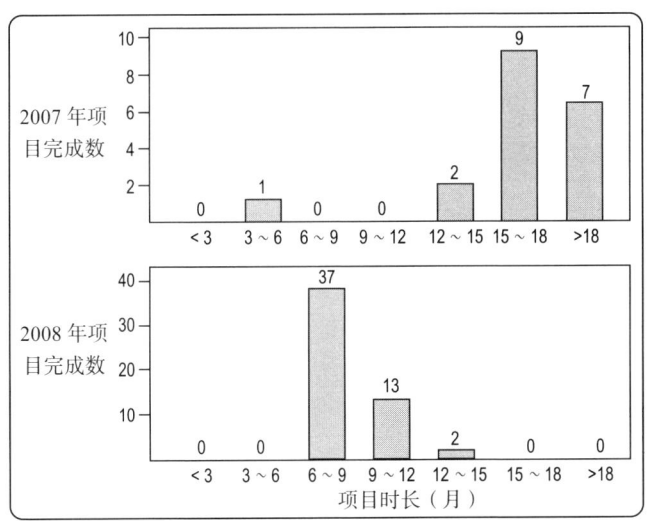

图6-16　项目期间管理经验与分析经验增加

晰，即分析员做事应有条理，确保所有图表的可用性，以便在每次分析时能知道是否需要增加信息，手头信息是否足以取得最终结论。图 6-16 显示了巴西金鱼浆纸集团项目的分析效果（图表由巴西金鱼浆纸集团提供）。

了解并掌握方法对加快分析速度至关重要。丰田公司平均 15 天解决一个问题。这不仅是因为分析员的经验与资质（700 名拥有统计学博士学位的技术专家），也是因为公司有所准备（数据库）。虽然上图数据可能受项目管理的改进所影响，但还是很好地显示了这一现象。

领导者（董事或经理）应当推动内部会议的召开，在会议上，分析员可以展示他们的分析，推广不同的方法。这与培训一样，任何人都不应忽视。

事实收集与数据收集项目

在现象分析和过程分析阶段，每一步都用到了附录中的模型。使用的每一种资源都是理解目标模型的基础，反过来也必然会需要更多信息。分析引起了对更多信息的需求，因为在开始分析时，不可能有完整的信息搜索项目。分析的过程是搜索信息与模型分析之间的互动。要通过这些具体的模型解读信息，可能需要新的数据收集项目，也可能会由于新资源的使用而产生新的知识差距。

未来分析

未来分析是丰田公司目前遵循的路线：采用可用于收集历史数据的结构化数据库，通过多变量分析解决公司的大多数问题。计算机的容量和速度有所提升，存储信息的成本明显下降，同时也产生了大量无用信息。目前位居最高管理层的决策者们大多数1995年之前就已从大学毕业，无法完全意识到计算机科学所发生的重大革命。

使用这样的数据库与多元分析的统计资源，问题几乎可以迎刃而解，甚至可能确定"目标"。未来分析实际上消除了（至少大大简化了）头脑风暴阶段的操作。

我建议读者、董事和经理效仿丰田公司的做法，推动自己公司的发展。

第七章　如何让人参与到分析之中

如果不沟通，你就失败了。

——阿贝拉多·巴博萨

当问题的解决与参与者有关联时，那就不简单了。过程分析是方法的灵魂，需要汲取新的知识。人的参与是过程分析的根本。然而，谈到参与，总是会有一个问题："如何参与？"

分析的主要困难之一是让人做出贡献。这有很多原因，其中包括：

（1）分析师无权召集。

（2）人们对问题没有直接兴趣（这不是他们的目标）。

（3）如果同意参与，很难在同一天、同一时间、同一个地方召集齐所有人（有些人无法出席或会派"代表"出席）。

（4）聚集在一起时，人们很难理解当时的分析阶段（分析师沟通不当）。

这些问题似乎普遍存在于世界各地。克拉克为美国中央情报局提出了一种分析方法，我认为这非常适用于企业："以目标为中心。"

以目标为中心的方法

以目标为中心的方法由克拉克提出，致力于问题解决的各方有组织地参与到分析之中。有时，公司总裁可能会作为"感兴趣的一方"参与会议。图 7-1 总结了以目标为中心的方法。

该方法的主要目标是建立可以合作解决问题的人物链，画出更为精准的目标画像。

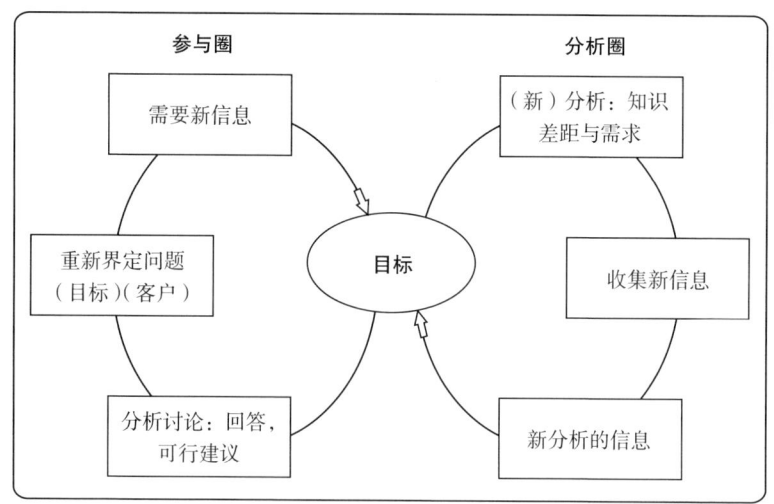

图 7-1　以目标为中心的方法模型

第七章　如何让人参与到分析之中

需要解决问题的人不一定是分析师。会议召集者或其上司确定目标，分析师负责就所需知识提供建议。在分析过程中可能会举行几次会议。这些会议有以下两个目的：

（1）让参会者了解目前的最新消息，关于分析得出的目标知识、待解决的问题、结果及困难（沟通过程可能是一个限制因素）。在分析过程中，就确定的可行行动提出建议。

（2）与参会者重新讨论分析过程和目标纲要，并从中获取对新想法和所需新信息、新分析的建议。

"问题解决小组"的参与者有两种：分析圈参与者（进行分析和数据收集，为沟通做准备）；属于参与圈的人员（零星地贡献一些知识，保持目标一致性，需要新的信息——事实和数据）。团队表现是否良好取决于内部沟通，这是至关重要的。我们现在来谈谈这个问题。

虽然之前已经讲过，但还是要再次强调一下：有的问题可能很简单，所以并不是每个问题都需要建立解决小组。如上所述，有些问题通过几个简单的步骤就解决了。但随着公司的发展，这些简单的问题会越来越少，那么就"需要更大的火力"。在这种情况下，有必要建立问题解决小组。此外，跨部门问题也将出现得越来越频繁，这就有了建立解决小组的必要（可能叫跨部门委员会）。功能管理的引入会大大促进跨部门问题的解决，因而需要以目标为中心的方法。

图 7-1 所示的解决方案,以目标为中心,分析师是技术人员、经理和沟通者。通过这种方法,大家都能知道问题正在解决,行动的实施也能更迅速、更容易,因为分析师不一定是唯一的行动实施者。

最后,参与者一同进行分析,公司成员开始理解方法是有用的,也开始逐渐重视起来。"感兴趣的各方"有组织地参与其中,有两个积极因素:

(1)信息过量:考虑到目前信息过量,信息可以从多渠道获取,所以参与者可以通过限定每个周期的目标,限制收集的信息量,降低解决问题的成本,加快解决问题的速度。

(2)需要细节:参与的各方意识到所遇到的困难时,他们对于可以不予理会的方面将降低要求,集中精力于必要的方面。

需要重复说明一下(见头脑风暴一节),应当慎重选择小组成员,了解技术与操作知识的人员应当参与。(行动实施者可以决定是否可行。)小组成员不一定是固定的,可以根据需要增加新成员。记住:我们是在获取知识,而不是人员!

一个好的展示:影响成败

如图 7-1 所示,如何处理管理问题在很大程度上取决于分析圈小组如何与偶尔参与但能提供技术知识、指引正确方向之人的

第七章 如何让人参与到分析之中

沟通。这非常关键，因为我们所有人都是业余的沟通者，可能会造成严重的错误。

在公司，思想的沟通常常是一场灾难。

> 我记得有一次，一群咨询顾问正在为一个由私营企业赞助的州政府项目服务。在第一次会议后不久（我没有参加这个会议），一位企业家就因为担心项目的结果而在晚上打电话给我了。他表示，"什么都没有发生"。我告诉他，我听说这个项目进展得十分顺利，效果非常好，但他仍然非常不安。第二天，我便去看了看项目的进展：在收入、支出以及政府项目控制方面，我们的确都取得了不错的成果。我们只是不会沟通。
>
> 我向朋友求助，他们向我推荐了明托的方法。之后，我们在两周内对我们的咨询顾问（起初他们是拒绝的）就如何展示技巧以及如何沟通开展了培训。结果是：我们做了相同的内容展示，但是换了种方式，最后得到了高度评价。一些企业家甚至备受鼓舞，想要在其他州政府做同样的事情！在我的人生中，有好几次都让我明白：沟通可能会影响成败。
>
> 我也听过董事、经理和咨询顾问在公司董事会议上分享的一些经历，但好的展示很少。
>
> 前几天，咨询顾问们来参加公司董事会议，我问其中一

位："朋友，你有多少张幻灯片想展示给我们呢？"他回答："132张。"我告诉董事会主席："他们需要6个小时来展示，我们有足够的时间吗？"随后便是一阵骚乱。解决的办法是将会议延期至下午，为咨询顾问腾出足够的时间。这种事让人疲倦。

现在，一张内容充足的幻灯片平均需要3分钟来呈现、理解与讨论。这是好展示的第一法则。明托建议，任务展示需要有一个脚本，就像电影或戏剧一样。脚本应该捕捉到观众的兴趣，并通过问答"抓住"人心，这种问答看似无意识但其实是由沟通专家设计的。

如果有兴趣了解沟通在公司中的重要性，那么应该看看比尔·兰恩的书，他为杰克·韦尔奇写了20年的演讲稿，在克罗顿维尔学习中心向通用电气的高管们教授沟通技巧。兰恩表示，沟通能力是评估通用电气高管的重要指标之一。他回忆道，杰克·韦尔奇本人也重视每个人的展示环节，会参与到展示中，从而对高管们做出自己的评估。兰恩引用了韦尔奇在一些展示之后所说的话，其中有些评论令人印象深刻。

在描述麦肯锡的做法时，弗里嘉将（一切形式的）沟通列为咨询顾问团队的首要要求。弗里嘉进一步说明，对于展示的准备应该在分析的第一天就开始，这样能帮助分析师更好地理解自己

第七章 如何让人参与到分析之中

的工作。这是绝对真理,正如所有教育者所知道的:在为课程做准备时可以学到很多。我也向我的读者保证,在写书的过程中也能学到很多。我的解释是,在准备了上千堂课,写了几本书后,"脑力组织"显然正在发挥作用。

在公司,一切形式的沟通过程都至关重要,从简单的聊天(有些人很难表达自己的想法),到电子邮件、内部电视巡演、正式展示、产品销售等。教育传授了我们除沟通以外的所有东西,而沟通对于一切形式的工作与休闲活动都非常必要。明托引用了一项"电梯测试":你在电梯里遇到了公司总裁,并有30秒的时间来传递信息。要么现在就说,要么永远没有机会!事实上,在你的一生中有很多这样的测试。我看过有人在公司董事会上通过一个很好的展示表现自己。("董事会测试":你有15分钟的时间做展示。五张幻灯片!)

最后,我想说一下之前遇到过的一些常见的展示错误:

1. 规定时间内所展示的幻灯片数量过多。

2. 一张幻灯片上信息过多(将脚本放在幻灯片上作为提示是错误的)。如需提醒,则带上笔记,而不是给听众过多负担。

3. 展示者对于令人疑惑的幻灯片给予了过多解释,幻灯片应当不言而喻。

4. 黑字蓝底或红底(这些颜色的波长相近,阅读困难)。

5. 字体大小(通常会有以下说辞:我知道你们看不清,这里

其实写的是……)。

6. 演讲者讲述了他所做的一切(一段冗长而枯燥的陈述),最后才说结果,正确的做法恰恰相反。结果:所有人都睡着了。

7. 影片展示:展示者试图放映影片但事先没有检查设备。经验表明,有至少 70% 的情况是软件与硬件不兼容,董事会成员等了 15~30 分钟后放弃。多么尴尬啊!

第八章　公司如何改进

成本就像指甲，必须不断修剪！

——佚名

改变是正常的

作为人类，我们痛恨改变。一旦脱离常规，我们就会感到疲惫不堪、压力重重。然而，我们生活在一个不断变化的世界中，我们的生活也被可怕的动力推动着变化。公司也是如此。公司也处在一个不断变化的世界中，我们应该为此做好准备。图8-1展示了公司的设置情况。一个公司就是一个系统，必须随时去适应周围那些也在一直变化的系统。政府会发布新的法律法规，新技术会被开发，新材料会出现，原材料的价格会发生波动，可用资本时多时少，市场要求越来越高等。公司如果站在原地不动则必然走向灭亡。公司的改进可能是适应型的（公司只需对周围的变化做出反应），也可能是进取型的（公司自行改变并有所期待）。我的读者、董事和经理应该时刻准备着，让公司能够面对这些生存所必需的改进。本书正是要处理这些问题。

注意，系统的定义表明系统是"相互关联的部分"。现在，政策管理是管理系统中每年都会发生变化的领域，与战略管理息息相关并从中得出目标，与日常管理相结合，从而提供新的标准操作程序，将公司操作水平提升到新的高度。我们得出的结论是，如果有明确的目标，有标准，有纪律，有稳定操作，预期的改变将会发生。根据我们推荐的方法（虽然有其他方法，但主要还是与人类行为有关），要实现预期改变需要两个基本条件。

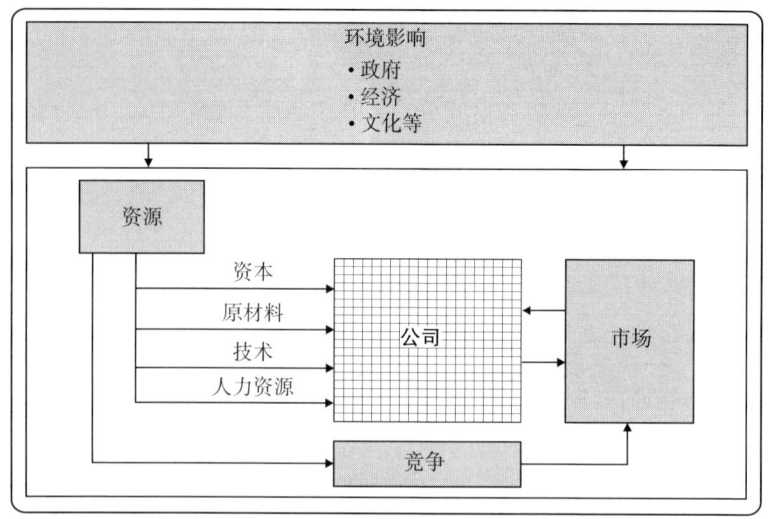

图 8-1 作为适应系统的公司模型

第八章　公司如何改进

改进机制

改进源于良好行动计划的执行。一个良好的行动计划又取决于分析，不管分析是多么简单。对于公司而言，存在一个很大的难题，就是确保分析的合理性。我不知道原因：难道是我们不知道如何进行分析吗？难道是因为我们认为良好的行动计划已经在我们头脑之中了？难道是因为我们骄傲自大，觉得自己知道一切，已经不需要分析信息了？

如果要保证团队能够制订出一个良好的行动计划，提高目标实现的可能性，只有一种方法：训练团队的分析能力，并在每次会议上对各计划的分析结果进行展示。我知道，这将延长会议的时间，但对分析的展示与讨论将敦促所有人，同时也为包括你在内的每个人提供一次学习机会。

每个公司在各方面都有待改进之处。有两种进行改进的机制：最佳做法和特殊项目。

图 8–2 模拟了一个公司或依据一定基准的两个公司之间不同部门（A、B、C、D 和 E）指标值的区别。指标值不同是因为做法不同。这是非常常见的。最佳做法的改进机制包括在各部门复制公司自身的最佳做法或其他公司的做法。虽然这种改进机制看起来好像很简单，但模仿起来并不容易，尤其是在一个大公司。对于有良好标准化体系与运营规则（良好的日常工作管理）的公司

而言,最佳做法的执行会更容易。

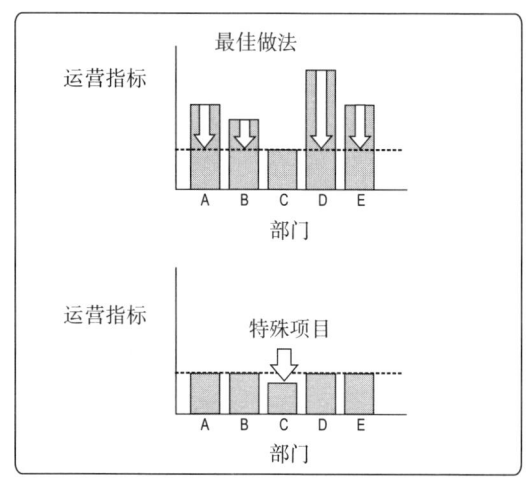

图 8-2　两个改进机制模型

所谓特殊项目的改进机制则是利用一切系统分析资源解决公司难题。实施特殊项目改进机制的人员应当经过专门培训,能够利用一切可使用的资源与附录所示的模型。因为这些项目通常难度较大,分析过程需要很多专业知识,所以应当由现有的最佳团队来执行。有时甚至可能需要改进一些目前已经是最佳的流程。

以下是关于这些机制的两个意见:

(1)公司应采取最佳做法,尽力改进工作,但是之前的良好做法在别的情况下可能不适用。复制做法与创造新事物一样是值得的,关键在于努力取得的成果。

(2)一段时间后,这两个机制应该在整个公司同时进行。

第八章 公司如何改进

如果想采用其他公司的最佳做法的话,我想补充非常重要的一点。在操作层面上采用最佳做法是非常容易的。操作简单,如果还有一些纪律规定的话,采用最佳做法毫无问题。在流程层面采用最佳做法则比较复杂,因为更改流程时,一些操作可能也会更改,必要的规定会更多,标准化程度也会更高。在组织层面采用最佳做法可能意味着一些流程的改变,不过这在没有完全达到标准化、操作规则不合理的公司几乎是不可能实现的。所以采用最佳做法或许是最好、最简单的改进模式,毕竟最佳做法完全可以复制,但是要取得成功就必须做好管理准备。即使复制也是需要能力的。

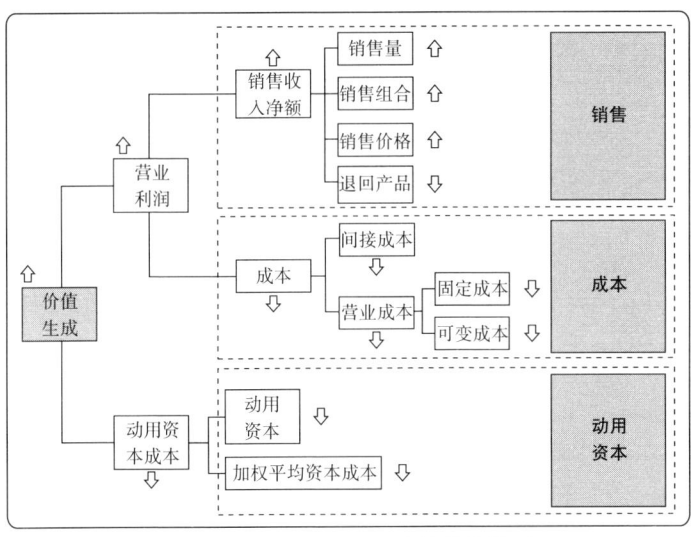

图 8-3 公司中价值生成的简化模型

接下来,我们将讨论一些影响财务结果的重要改进方面,这也是公司的主要关注点。想要更清楚地了解公司中价值生成这一复杂问题,可参考图 8-3 所示的简化模型。

类似图 8-3 所示的模型是有用的沟通工具,有助于理解公司的优先事项以及想要处理的主要项目的价值。

处理成本

关于销售,我们要做的有很多,一切并非都在掌控之中。因为经济在发生变化,竞争对手会有所反应,新产品会投入市场,技术也在发生变革。然而,管理成本和动用资本是我们可以控制的,我们有义务在这些领域做到全世界最好的水平。如果我们在成本和动用资本使用方面能做到最好,那么我们可以更轻松地应对市场挑战,虽然这本质上是加大了难度(记住:市场上系统非常开放)。

"横向削减成本"是一个常见错误。这很容易,领导者不需要太多的分析就可以说:"我要削减 10% 的成本。"这被称为"愚蠢式削减",会引起不公正,因为长时间为其成本工作的人将会受到惩罚,而没有做任何事的人将获得奖励。这些都是虚假信息。在削减成本之前,领导者首先要分析成本,评估差距,并基于明确的差距为每个人分配合理的目标。

虽然我不打算再探讨成本费用方面的问题,但我想根据我在

第八章 公司如何改进

生活中的一些观察提一些建议。在大多数公司，会计把费用入账时不会有管理层面的考虑。因此，对于想削减成本的人而言，我的第一个建议是在会计记录中组织条目，以便准确地了解记录的性质与来源。对此，我建议可以使用图 8-4 所示的波特模型。在阶段 A，波特模型显示了公司各种主要活动与支持活动。在阶段 B，公司支持活动是静态的，即不会随着产生数量的变化而变化。阶段 B 包括动态的主要活动，即随着产生数量的变化而变化。在阶段 C，间接成本是指支持活动的成本和生产链相关（主要活动）的营业成本，支持活动的成本不会随着产生数量的变化而变化，营业成本则会根据产生数量的变化而变化。部分营业成本是固定的（例如生产区域的照明、设备操作员等），部分是变化的（原材料、包装和部分直接劳动力）。应该指出的是，尽管间接成本和固定营业成本是固定的，但两者的性质不同，所以处理方式也应当不同。重要的是把两者分开理解，这样才有可能采取有效的行动。

因此我们有：

（1）营业成本：主要活动产生的成本。在该活动下，从原材料到交付给客户的最终产品，价值增加。在钢铁厂，决定如何计入成本的最简单方法就是，"营业成本与铁原子有关"。在医院，"营业成本总是与患者有关"。

（2）间接成本：所有与支持活动相关的其他费用，如图 8-4 所示。这些费用的安排应该继续下去，这样一来，人们就会知道这些费用的性质以及应当如何加以控制。

了解费用的性质以后，可以制定"通用准则"，有利于公司各方面的运作。

间接成本的"通用准则"：

（1）间接成本以比值（美元/时间单位）衡量。

（2）间接成本应一直处于下降状态。

（3）如果上涨，成本必须花在能够获得财务回报的具体项目上，从而得到更高级别的核准。

这些"通用准则"对于在后续会议上防止借口是必要的。例如，如果具体项目没有得到批准，间接成本上升，这是一件很严重的事。我们不接受任何借口。经理必须做的就是调查事件，提出纠正方法和预防措施，以免再次发生同样的事情。会议应该讨论的是纠正方法和预防措施，而不是找借口。

营业成本的"通用准则"如下：

（1）营业成本以比值（美元/产品单位）衡量。

（2）产量增加，营业成本绝对值增加，但比值可能会下降。

（3）营业成本主要受三个因素影响：原材料价格、单位消耗量、生产节奏。

（4）如果我们想对价格（买卖）进行管理，我们必须建立比率控制，固定单位消耗量。

（5）如果我们想对导致产量增加（单位消耗量下降）的行为

进行管理,我们必须固定平均价格(其中营业成本应一直下降)。

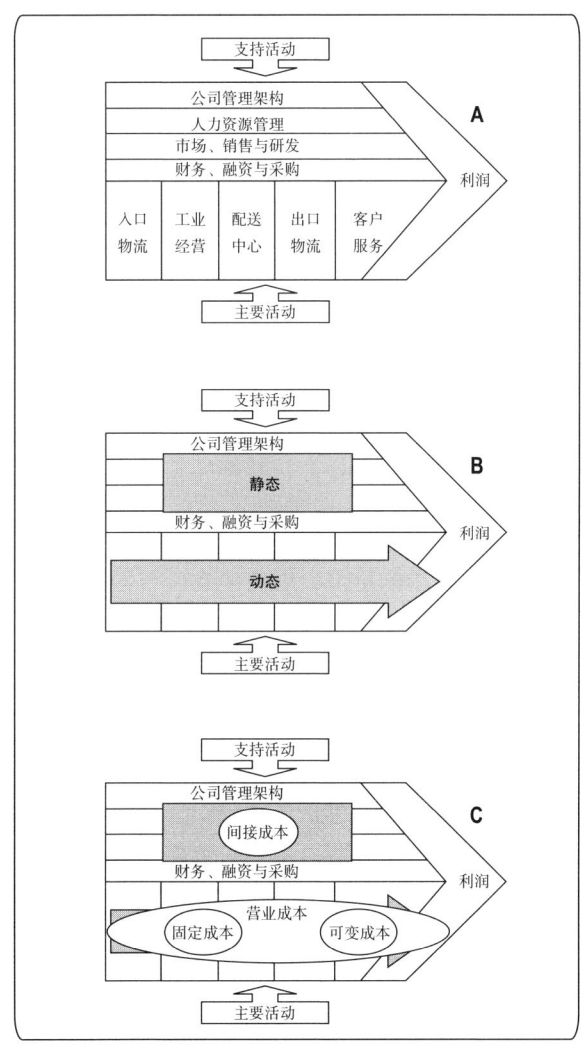

图 8-4 成本性质模型

为不同成本制定一些"通用准则"是可能的,这样在后续会议中我们便可以通过成本控制图表知道应该做什么。

所有成本都应当有一直使用的通用准则,包括小的零碎的成本,从而建立一个合适的企业文化。所有成本都是成本,没有大小之分。如果想创造一种激烈的成本削减文化,那就必须对所有成本都加以重视。

关注产品设计对营业成本和间接成本的影响是非常重要的。当我们谈及产品时,我们指的是所有成品与半成品。公司每个流程都有其对应的产品。每个产品都有自己的特征,影响着内部客户和外部客户的偏好。有些特征是基本的(有价值是因为客户愿意为之付费),而有些则不是。有一种方法叫作"价值分析",用于分析每个特征所赋予的价值,以便建立可行的成本收益比。应该对成品和半成品(包括行政产品)都进行价值分析。你甚至会发现其中有些产品不再是必需的了,相应的制作流程也是如此。

最后,一旦进行了价值分析,我们必须回到流程,重新设计,取消并且(或者)合并一些阶段。该做法应当持续进行,因为一切都在发生变化:新技术、新价格、新汇率、新材料等。我们周围的世界在发生变化,我们必须一直向前走。不仅仅是流程方面,在公司结构和运营方面都应不断进行重新设计。

我们人类可以适应任何东西。我们应有所作为,坚信一切都能够得到改善。不必要的成本隐藏在各个角落。建立了成本削减文化后，你会意识到有些成本可以降低到令人难以置信的水平。日本人采用了被称为"亏损三大来源"（浪费、不一致和不足）的方法，这一方法值得研究理解。

处理动用资本

我注意到，动用资本管理并不总是与成本管理一样受到重视。然而，动用资本也是非常重要的，有时甚至比成本还重要。通常，价值链管理得越好，动用资本额就越高。

流动资金是动用资本的重要组成部分，公司管理能力会直接影响公司资本。流动资金的主要杠杆之一是库存量。理论上，我们没有理由保留库存；这就是丰田生产系统要求零库存（无库存生产系统）的原因。我注意到，如果公司功能管理不佳，库存量将较大。库存问题是因为销售预测、生产程序设计、物流表现、设备维护以及原材料供应等方面欠佳造成的。库存的形成原因多种多样，减少库存也因为公司缺乏管理制度而未必能取得成功。

影响流动资金的其他杠杆是付款条款和收款条款。涉及客户的融资资金通常与销售欲望有关。有时条款是合理的，但在很多情况下，销售员可能会对公司造成不利影响。对条款、折扣和特惠的准许是用来帮助销售的，在某些情况下能够弥补部分销售员或销售系统本身准备不充分的情况。这也适用于收款条款。公司如果缺乏良好管理，动用资本将会有所负担。

生产线的生产力是确保能够更好地使用动用资本的另一个条件，应当认真管理。如果评估生产线的"总体效率"，我们可能会发现指标非常低，而在某些情况下，指标有可能达到90%左右（我见过一些超出90%的情况）。"总体效率"衡量了当前月生产水平与最大生产能力之间的关系（24小时/天 × 30天/月 × 理论上设备每小时生产能力）之间的关系。"总体效率"低于50%是非常常见的。

一家著名的巴西炼钢厂在20世纪80年代末每年生产大约75万吨普通碳钢。1988年，这家炼钢厂进行管理改革，对日常管理尤为注重。一段时间过后，炼钢厂培训了700多名员工（培训员工的问题解决方法以及统计软件操作）。结果，总产量攀升至每年130万吨，将产量从30万吨/年提升到130万吨/年的是连续铸锭法，并没有其他主要投资。轧机工程师对此并不满足，他们认为生产流程控制如此良好，应当可以制造出高利润率的特殊钢，特殊钢市场当时是由日本人主导的。经过几年的改进调整，炼钢厂开始制造出比日本更好的钢材，最终在世界上主导了这一市场。如今，这家炼钢厂被认为是全球动用资本回报最好的工厂之一。非凡的日常管理能力和问题解决能力的结合带来了暴涨性的结果。

第八章　公司如何改进

在上述情况下，值得一提的是，他们在动用资本方面取得了两方面的成功：

（1）他们对设备的理论产量产生怀疑，在项目上做了一些修改。因此，对设备理论产量的质疑让总体效率超过100%成为可能。

（2）良好的流程控制大大提高了产品的附加值。

我已经看到过这种情况的发生，动用资本的收益也一直很高。

如上所述，产业维护可以从最低成本或最大限度使用动用资本角度出发进行管理。

处理收益

虽然销售涉及很多内容，不属于处理收益的讨论范围，但我想分享一些我在生活中的所见所闻。

财务资源经由销售人员进入公司。你很少能找到一个销售人员是喜欢收藏现金的。一些销售相关的问题包括：

（1）销售人员喜欢展示"销售量"。

（2）销售人员喜欢"积极"（访问客户进行销售）。

（3）销售人员喜欢给予折扣，增加销量。

（4）在销售方面往往缺乏严格的控制（我建议做个实验，计算每次销售、每个销售人员、每个经理、每条线路以及每个客户

的收益,结果会让你大吃一惊)。

(5)计算实际价格的平均值和标准偏差,你将更为吃惊。

(6)你知道销售人员一分钟花费多少钱吗?你知道销售人员在每个客户身上要花多长时间吗?你知道直接销售成本的变化吗?

"销售系统"非常开放,需要快速行动。因此,应当运用数据处理技术,分析日常更新的强大数据库。

执行的重要性

我曾经接到一位在国外工作的咨询顾问的电话,说他已经在客户身上花了五个月了,但仍没有任何进展。另外,我们也在一同工作的部门安排了董事会议以跟进项目。他问我应该怎么做。我告诉他:"如果有行动计划,但目标未能实现,那就有两种可能,一种是行动没能执行,另一种是行动计划真的很差劲。"我建议他对所有行动做一个详尽调查,验证行动是否执行。

两天后,他又打来电话,告诉我:"我们发现什么都没有做,但我们不能冒着在公司树敌的风险,在会议上如实向部门领导汇报。"我的回答是:"我们是要树敌但取得成果,还是要能力不佳?我倾向于说实话,让部门领导提前知道真相,

第八章　公司如何改进

到时就不会感到惊讶了。"

这样做以后，公司要求每周上交行动执行报告，很快所有目标都实现了。

这个客户现在也一直和我们保持合作。

我们缺乏决心。我们不会完全、及时地执行行动计划。我们是拖延者。虽然有削减人员的需要，但在面对供应商、舆论、亲友时，我们常常撤退，不采取行动执行自己的计划，这是在保护我们自己的利益，而不是公司的利益。我们希望与每个未来可能对我们有用的人都保持良好的关系，所以最终不会做本应该做的事。我曾见证过这样的事发生，总裁请了一家咨询公司来评估改进情况，但没有做应该做的事。之后，该公司被出售，买方执行了同样的行动计划，几个月内息税折旧摊销前利润率翻了一番。

根据PDCA方法，字母"D"表示"执行"。没有执行，就什么也不会发生。然而，我们本性喜欢拖延，除非有对执行和责任的监督，否则将无法实现目标。字母"C"表示核查，是指核查目标是否实现，行动是否执行。这两件事是必须做的。虽然领导者要对下属给予信任，但也必须实施核查。

一些事情总让我想到公司的"教诲"。最近，在访问圣保罗的金鱼浆纸集团时，我看到了下面的图8–5。图8–5展示了执行行动的拖延情况。该工厂和其他工厂情况不同，结果尚未实现。据了解,所要求的行动没有执行是因为领导层并未对行动有所期待。公司决定更换当地领导,新管理层对行动执行的影响是巨大的。我经常遇到类似的情况,这也证明了我所认为的领导的定义:"领导意味着与团队一起共同实现目标,做正确的事情。"

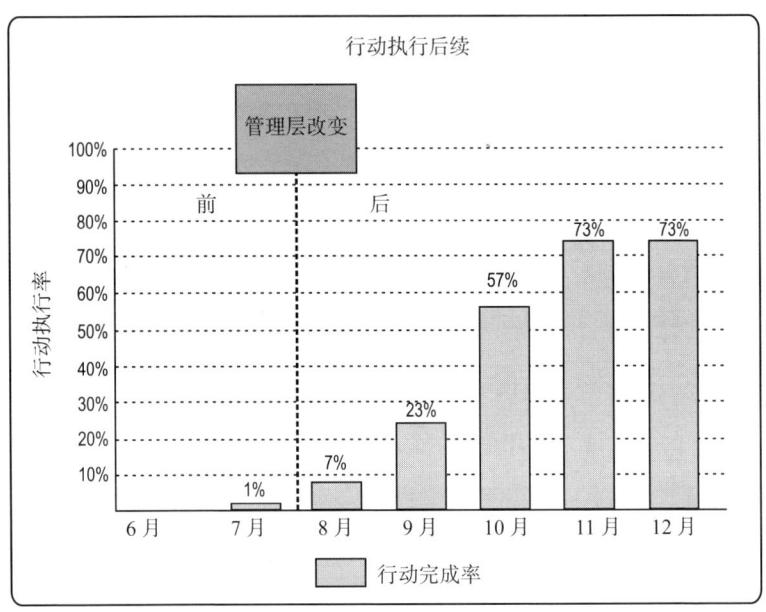

图 8-5 更换领导层对行动执行的影响

核查的重要性

我们人类需要感觉到我们所做的事是重要的。当我们要对自身工作结果负责时,我们会感受到事情的重要性。

第八章　公司如何改进

让人们对结果负责是非常重要的，这件事应当由领导者亲自实施。在这方面，我引用了我的一位朋友的话：

> 在我的经验中，真正驱动 PDCA 的是对结果的强烈关注。在安贝夫（AmBev），马赛尔和马吉梅每月视察工厂，访问区域分销商，强烈要求管理人员负起责任。之后，布里托成为业务主管后，坚持执行"事实—原因—行动"三原则，在里约热内卢工厂执行"75/20"规则，全面关注管理责任绝对是项目成功的关键因素。

第九章　如何运用稳定结果

高炉就是节奏！

——佚名

类比于人类身体

自然是明智的。阅读这本书时，你不用担心呼吸、血液循环、指甲与毛发生长、消化等问题。我们的身体机能自行运作，质量也有保证，让你能够思考如何通过学习成长。

公司也应当如此。我们应该建立可以自行运作的公司，管理层负责公司发展，向组织系统增添知识。建立自行运作的公司，意味着为管理者布置了一个促进公司日常工作管理的任务。

经理的首要任务应该是"稳定流程"。但我所看到的、实际发生的却是因为要对结果负责，所有人都希望改善结果，却不太注重日常管理。正因为如此，他们操作不稳定，没有取得他们本来能够取得的成果。没有健全的日常管理，公司管理人员和技术人

员将花费大量的时间担心一些不良问题,而这些问题在健全的日常管理情况下并不存在。

日常管理注意事项

保持操作稳定的必要步骤基本如下:
(1)制定操作指标的规格范围。
(2)制定流程技术标准(质量控制流程图)、管理标准和标准操作程序。
(3)培训操作人员遵守规范并加以认证。
(4)验证是否符合规范、符合标准(监督与审核)。
(5)对偏差进行纠正和预防。

建立良好的日常管理并不容易。关于这个问题我已经做了详细的介绍。影响日常管理的一大阻碍就是人员流动。如果我们想加强日常管理,避免管理人员花费大量时间应对一些不可预见的操作问题,我们就必须付出多年的努力,让员工在没有监督的情况下自行工作,维护业绩,不发生工作意外。巴西的有些公司已经达到了这个阶段。

领导者是通过人而不是通过工作取得成果的。许多公司都以每天"解决"的问题数量对领导者进行评估,而不是以观察领导者如何训练团队、防止问题发生为导向。这些领导者很难意识到,

第九章 如何运用稳定结果

实际上是因为日常管理中出现的问题没有得到适当的解决，所以问题才会一直不断出现。

最后，我想告诉我的读者、公司董事和经理，只有通过日常管理稳定运营，公司的改进才能永久（但因为公司是个开放的系统，所以突变是有可能发生的）。我曾见过日常管理不足的公司想通过复制其他公司的成功经验，训练黑带（运用复杂资源帮助改进的专家）。这种尝试一般都以失败告终。卓越的日常管理是公司表现非凡的基础。

日常工作管理包括一系列确保公司操作系统稳定、可靠运作所需的流程。这种管理详见第三章中的图3-3，其流程旨在保持操作稳定（以SDCA模型呈现），并改进操作本身（以PDCA模型呈现）。应将SDCA模型优先，它能够带来持续、永久的改进，公司发票开具也是基于SDCA模型的。

质量保证标准

如今，质量保证体系在流程方面已经非常成熟，ISO 9001就是一个很好的标准。公司面临的一个巨大挑战就是管理这些功能系统。如前所述，丰田公司花了多年时间稳定功能（跨部门）管理。公司应朝此方向努力，因为只有建立这些功能相关系统，公司才能实现真正的稳定与管理的平稳。

我呼吁读者不要被误导。如果日常管理不在自己团队,不在管理层,不在整个公司,那么流程中的质量保证认证毫无意义。即使有些客户可能会要求提供符合标准的证明,但这些证明并不能解决流程的稳定性问题。真正能够解决我们问题的就是日常管理的规范,彻底改变现行公司文化。应将公司视为一个实验室:一切都必须干净、精确、有能力、有规范。这是值得付出的地方。一旦基础建立起来,你就可以把结果提升到任何你想达到的水平!

日常管理诊断

董事和经理的任务之一是稳定运营。我建议,应在生产、管理与销售各个领域继续实施日常管理。你将会发现,有些地方发展得比其他地方更快,而有些地方因为缺乏领导力则没有提高。对此,必须制定一个衡量机制。

法尔科尼的顾问已经开发出了对于日常管理进展的诊断方法,得到了客户的高度评价。诊断展现出对公司日常管理水平的总体看法,指出取得最大进展的部门,并表明进一步提升应当做些什么。表9-1为参考事项,图9-1为典型结果。

表9-1中各项均根据客观事实进行评估,并按照0~100打

分。这让我们了解了当前的情况。结果如图 9–1 所示，一目了然。通过表格，你会注意到需要通过教育与培训来巩固的薄弱环节。图 9–1 描述了一个真实的情况，你可能会注意到阶段 A 的 PDCA 和 SDCA 都是最难被员工掌握的。良好的日常管理，即最终得分超过 80%，是可以在两三年内实现的，这取决于领导力、可用资源和人员流动。走近道没有任何意义，因为管理上的提高是一个教育过程，需要时间。借助这些信息，可以对公司日常管理有一个总体评估，如图 9–2 所示，描绘了公司每个流程中日常管理的一般情况。图 9–2 还显示了 SDCA 和 PDCA 的一般情况，整个公司日常管理的普及程度。

表 9–1　日常管理诊断所评估的活动

评估活动
1. 问题确定
2. 问题历史分析
3. 问题部署
4. 责任确定
5. 数据收集
6. 数据分析
7. 发生地评估
8. 原因定义
9. 原因排序

（续表）

评估活动
10. 行动建议
11. 行动排序
12. 行动计划准备
13. 培训与资格认定
14. 行动执行
15. 结果展示
16. 结果评估
17. 偏差处理
18. 改进行动标准化
19. 改进环节效力评估
20. 标准化
21. 培训计划
22. 审计计划
23. 标准培训
24. 标准遵守
25. 审计标准
26. 结果监测
27. 结果评估
28. 异常认定
29. 异常处理
30. 长期问题认定与排序

第九章　如何运用稳定结果

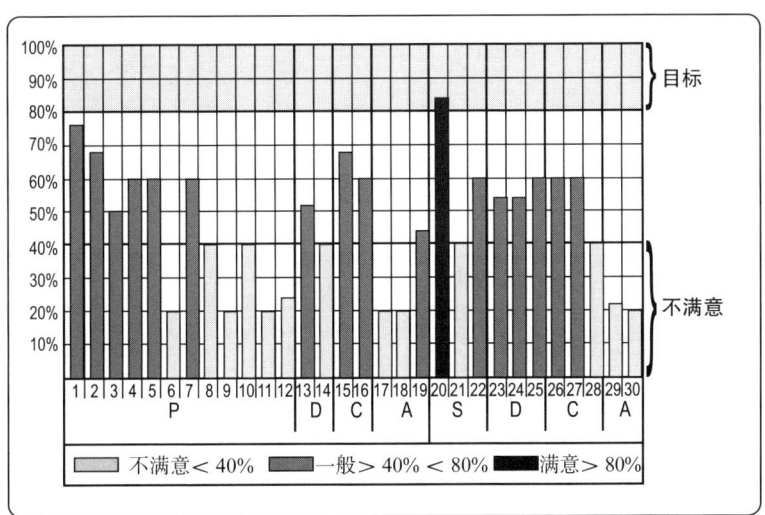

图 9-1　日常管理诊断结果

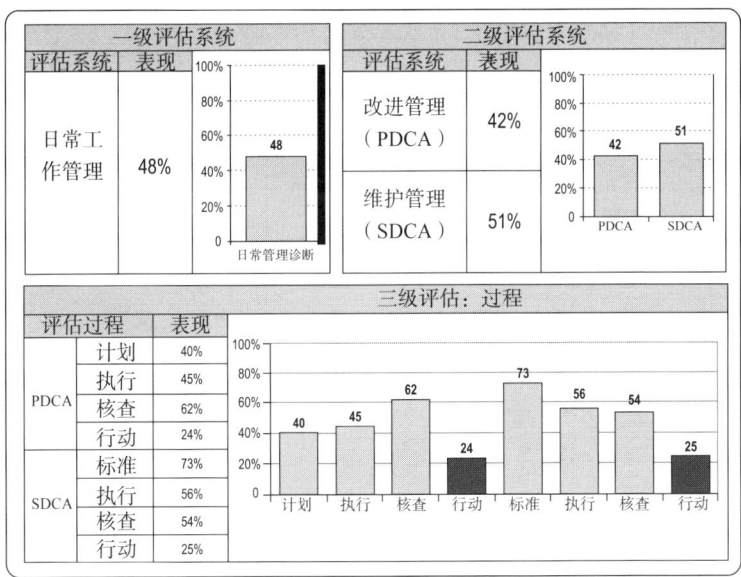

图 9-2　日常管理评估总结

图 9–2 展示了某公司在日常管理方面提高 48% 的例子。在巴西，有些公司已经达到了 96%，例如某家公司的某个工厂。顺便说一下，这家公司在日常管理提高到 96% 后培训了 700 名黑带，也就是前面提到的炼钢厂。一切都并非偶然……

我强烈建议读者做以下事情：

• 采取行动，不断改进日常管理；

• 对工作进展进行年度或半年度评估，并根据诊断结果采取坚定行动，这可能意味着对薄弱项目进行教育和培训，或是换掉无法执行必要改变的领导者（见图 9–3）。

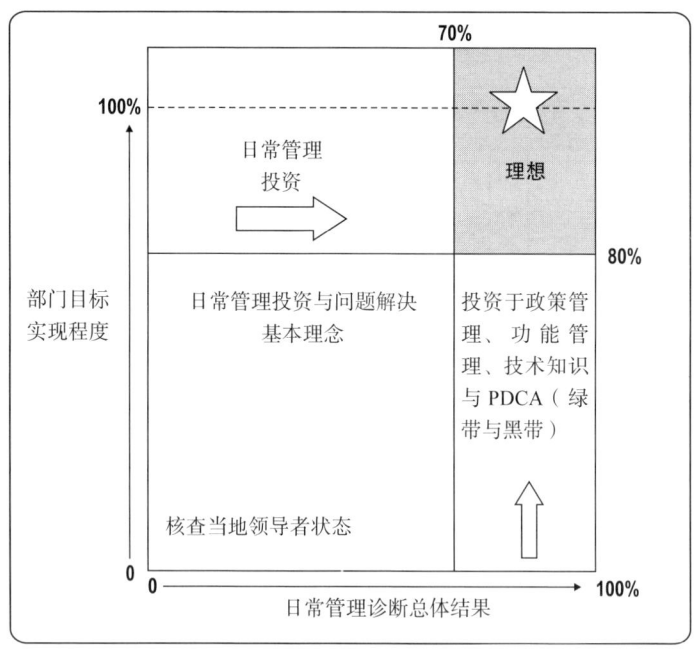

图 9–3 公司部门管理发展最终评估模型

第九章 如何运用稳定结果

一些巴西公司为在日常管理评估中排名第一的部门提供奖励，包括制造、销售、管理、采购、供应商等。

最后，如图9-3所示，日常管理诊断应当与目标实现及引入矩阵程度评估相结合。

我们希望团队能够达到或者超越既定目标，但团队也制定了确保结果在新水平维持稳定的系统。只有一级日常管理才能保证这种稳定性。

请注意，随着时间的推移，日常管理会变得越来越好，较容易解决的问题也能得到更快的解决。在这一点上，我们必须专注于全面提高每个人的分析能力（绿带和黑带），全面发展健全的管理体系（基于价值链的政策管理、功能或跨部门管理），寻找世界上最先进的技术知识。在"适应制度"的概念下，这个世界上没有任何一个公司认为自己先进到已经不需要继续发展了。变化是常态。

> **作者注**：在本章开头，我用了"高炉就是节奏"的说法，这对于操作这种炼钢厂设备的人来说是熟悉的，高炉也是最重要的设备，为钢厂增加了相当一部分价值。
>
> 我教授冶金工程多年，一直热衷于研究高炉发生的物理反应和化学反应。设备是封闭的，所以那些操作者无法看到

里面发生了什么。他们只能动用他们的想象力。在我看来，这种设备应该由喜欢反思的人来分析。有一个公认的事实：操作越稳定，产量越高，营业成本就越低。这是高炉操作人员无可争辩的事实。我相信所有流程都是如此。

第三部分
管理的智慧

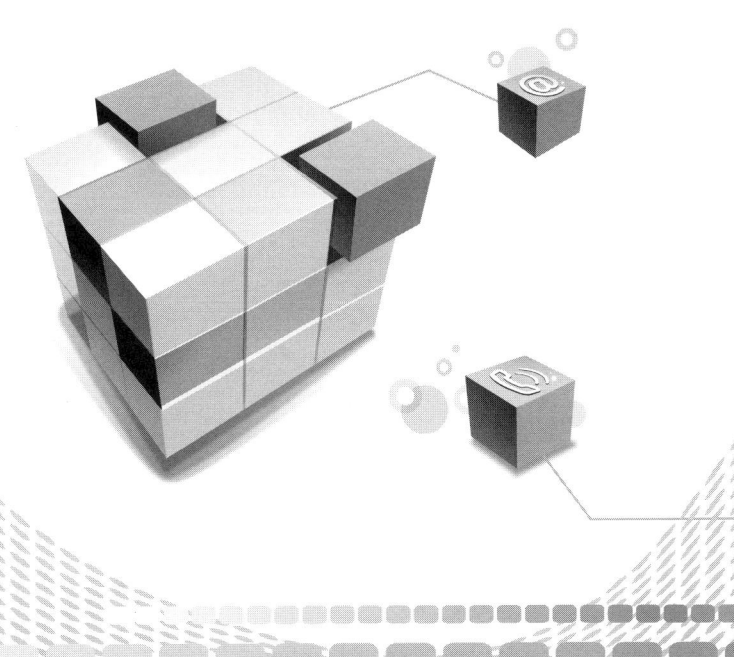

第十章 管理组织中的知识获取

知识是无可取代的！

——爱德华兹·戴明

组织是知识积累的能量场，前面的章节显示，一个组织积累的知识越多，并且能够以规范化的管理方式将这些知识进行复制和应用，其达成的结果就越好。这种"财富"的积累取决于以下几个关键因素：

（1）时间：知识是由人类不断积累的，每个人都有自己的学习节奏，形成一个"学习曲线"，因此，为某些特定职位招募并甄选具备强大心理潜能的人至关重要。

（2）目标：目标是一个公司获取知识源源不断的动力，如果一个公司能将目标在全公司进行有效的分解，那么目标将成为知识获取的强大驱动力，这需要非凡的策略管理。

（3）文化：专注于成效、不断追求、不断精进、不断创新、精益求精、不满足于现状的文化，总是能促使企业发展不断创出

新高。

（4）强大的动力：这一章将重点讨论人力资源管理策略。在整个组织中，人力资源管理策略应用于提升员工的心性修炼。

（5）标准化体系：实践出真知，一个完善的标准化体系是实践知识的沉淀，标准是显性知识的记录。这需要一流的日常管理。

（6）低人员流失率：人的心性是隐性知识的记录。

公司中的管理和学习

管理是一个公司内部不断学习的工具，管理方法的不断实践是必要条件，如下所示：

（1）每个人有清晰而完整的目标。

（2）分析与综合实践（基于信息和技术知识获取的新知识）。

（3）落地执行。

（4）监测结果和执行情况。

（5）形成标准，并传播新的实践方法。

如图 10-1 所示，一个人人传播方法论和实践的组织是一个真正的"学习型组织"。这也是圣吉所倡导的。

图 10-1 显示了此方法中的四个要点，即知识是如何被创造（要点 1）、内化（要点 2）、复制（要点 3）和传播（要点 4）的。所有被引用的知识都有同样的价值，重要的是将新知识转化为成果。

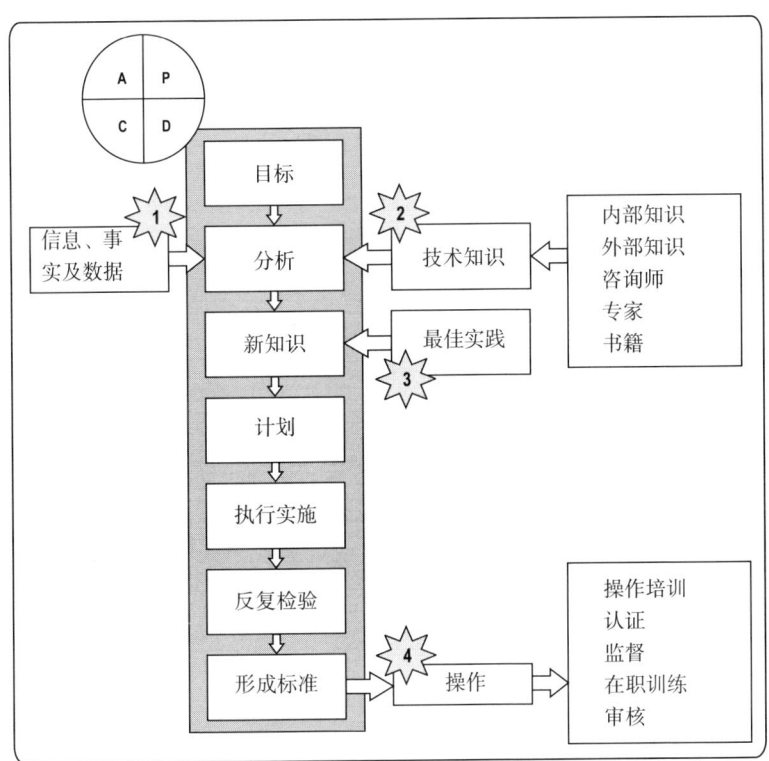

图 10-1 组织中通过方法获取、开发和整合知识的模型

无论是在政府机构还是公司,我们都想取得骄人成果。实践证明,方法实施得越好,获得的知识就越多,结果也越为理想。结果和知识之间有一种线性关系。这种方法使我们能够精确地找到达成预期目标所必需的知识。

这种知识与在课堂上获得的知识不同,课堂知识不与结果相关联。诚然,课堂知识非常重要,但通过实践学到的知识是最有效的。

组织里的学习过程

图 10-1 显示了知识是如何构成管理方法的一部分，以及如何在组织中获取和传播的。但是这个图中没有显示在此方法中人类的参与和主要学习手段。马斯洛研究了这一过程，并建立了两个基本概念，这两个概念是理解人类学习过程的基石。

第一个概念是心理潜能，马斯洛提出了一个概念，即世界上每一个人天生具有一种精神潜力，这是绝对随机的。每个人都有自己的精神潜力，不关乎种族、出生地等。这种心理潜能与"学习速度"有关（就一天获得的知识而言）：每个人每天能学习的知识都是一定数量的，而不是无限多。这样的结果是逝去的每一天都是不可恢复的，因为每天都有一定的学习量。图 10-2 说明了这个概念。在这个模型中，"心理潜能曲线"代表了一个人最大的学习能力（我们每个人都有自己的曲线）。因此，这个图中的点 M 代表了一个特定个体在其生命中所能积累的最大知识量。然而，由于学校教育没有给予他足够的挑战，父母缺乏有意识的培养，枯燥的工作未能激发他勇于挑战的潜能，这个人能够积累的知识如图中点 R 所示。M 和 R 之间的差距则代表了这个人在整个生命中的"学习损失"。

从这个概念中可以得出一些结论：

（1）训练必须每天持续不断地进行，为了做到这一点，至少有 90% 的训练是个人主动的、自发性的行为（尽管这可以慢慢培养）。

第十章 管理组织中的知识获取

（2）在特定的年限之后，一个心理潜能处于平均水平的人可能会比一个具有高潜能的人获取的知识更多，这取决于他们日常的学习水平（一个具有高心理潜能的人可能在很长一段时间内都没有接触到具有挑战性的学习环境，因此其获得的知识并不比常人多）。

（3）对于需要汲取大量知识的特定工作岗位，应该由具备高潜能的人才来担任。

一个人的一生中，其心理潜能的未挖掘部分是相当惊人的，因此，在公司中，相对于仅仅选拔具有更高潜能人才的做法，通过给公司全员设立不同的目标和职位来挑战他们、激发他们的潜能更为重要。只有这样，才能做到人尽其才、才尽其用。

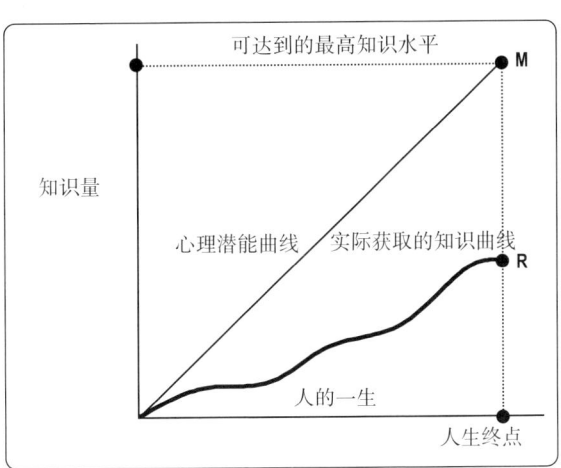

图 10-2 马斯洛模型心理潜能概念

因此，公司中的员工应该不断接受挑战，寻求新知识，公司可以通过设定目标或调整员工的职务，使他们走出自己的舒适区，从而实现这一目的。目标的设定极为关键，一个极易实现的目标无法激发员工的潜能，达不到让员工探寻新知识的目的，而一个完全不可能实现的目标则会导致员工沮丧，也达不到让员工探寻新知识的目的。这就是为什么要在技术基础上建立一个目标，这个目标要让员工感觉到实现起来是有困难的，是具有挑战性的，但是通过发挥潜能也是可以实现的。如果员工能实现这样一个目标，不仅应该得到赞扬，而且值得热烈的庆祝。

第二个概念是动力。对于马斯洛来说，动力等于心理健康。动力不是一种无关紧要或偶然的心态（动机不是通过"友好地轻拍下肩膀"鼓励一下或一顿"年终烧烤"的奖励来实现的）。它必须是明确的。如果一个人对工作的某些方面不满意，这意味着他只是不满意，但仍然有动力。动力来源于多年来生活条件与状态的不断改善。马斯洛列出了人类的五个动力条件，或五个基本需求：

（1）生理性的需求——衣食住行等。在公司中，这些基本需求通常可以通过薪金来满足。同时，社会积累的财富也有影响（例如良好的医疗条件、教育资源、基础设施如交通、园林绿化等）。

（2）安全性需求——在工作、社会、家庭等方面的安全性。某些安全性可能由公司提供，但其他安全性必须由社会提供。公司可能在工作上提供安全保障，但社会必须提供其他的安全保障，

第十章　管理组织中的知识获取

试想，如果一个父亲或母亲在工作的时候，一直在担心他们的孩子在上学的路上缺乏安全保障，那么这个工作中的父亲或母亲会面临一种怎样的心理困扰呢？

（3）归属感和爱的需求——人是处于"社会"中的人，是群居动物，是需要交际的。我们需要"属于"一个群体或一个组织，需要有朋友。在某种程度上，这种需求可以由公司通过团队合作、共同解决组织中各个层面的问题来满足。一些公司甚至会提供团建费用，以便公司成员除了在工作时间能共同协作之外，在非工作时间也可以多多沟通与交流。

（4）尊重需求——我们需要认可、表扬、赞美等。在一定程度上，公司可以通过组织一些活动满足员工的这种需求，给员工机会来展示自己在做什么，并且得到认可。这种需求可以在任何时候以一种有组织的方式得到满足（例如：在正式的董事会或行政会议上）。

（5）自我价值实现需求——我们需要对我们所做的工作抱有初恋般的热情。浑浑噩噩地过日子，当一天和尚撞一天钟，做自己不喜欢做的工作，时间也会变得十分漫长。当你喜欢你的工作时，你就会废寝忘食，夜以继日，感觉时间过得飞快，工作可能会成为一种休闲。一个人可以在工作中实现自我价值，做出骄人的业绩。一些组织实行"内部招聘"，就是给员工机会去改变他们现有的职位，寻求他们更喜欢的岗位。

根据马斯洛的分类,这些需求应该是人事管理的重点之一,应该时刻存在于领导者与管理者的头脑中。关于这些需求,有两点很重要:同时性和集体性。

同时性——对这些需求,马斯洛的著作里并没有提供解释这些概念的模型。他的作品没有图表,所有为了解释这些需求而流行并广为人知的模型,如金字塔和梯子模型,都是由其他人提出的。关于模型的问题,如附录中所列的那样,它们的代表性不足,最终导致这些概念以不精确的方式进行传播,一些模型可能会给人误导,例如需求是不连续的。马斯洛提出的需求是同时发生的,有两个前提条件:

(1)在极端情况下(例如饥饿),人的需求之一可能会急剧加重。

(2)随着一个人的成长,相比生理性需求,他将更加重视安全性需求;相比安全性需求,他将更加重视归属感和爱的需求;相比归属感和爱心,他将更加重视尊重需求。如此步步提升,最终,他将要求同时满足所有的需求。

关于同时性,马斯洛指出,人类对自然永不满意,只能体验到短暂的满足感。如果我们认为必须首先满足生理性需求,然后再满足其他需求,那么我们在经历短暂的满意时刻之后会再次感到不满,并且希望得到更多。这个过程会循环往复,无休无止。实现不那么完美的满足,但却能达到心理健康(动机)的唯一途径就是努力去同时满足这五项需求。

集体性——马斯洛对心理健康的预防性追求的支柱之一是，这种努力应该是为一群人而设，而不是为一个人而设，因为一个人的需求说到底是归属和爱的需求，但人类是群居的动物。以上列出的这五项要求应当是满足一群人的需求，这一点应该是预防性的。这是马斯洛主张的一个明显特征，反映了组织（工作）对于人的心理平衡的重要性。

因为人们的心理健康是更好地汲取知识的必要条件，所以这些概念非常重要，同时，这些概念对于在组织中取得非凡成果也尤为重要。

根据马斯洛的这些原则，图10-3展示了一个组织中的学习过程的模型。

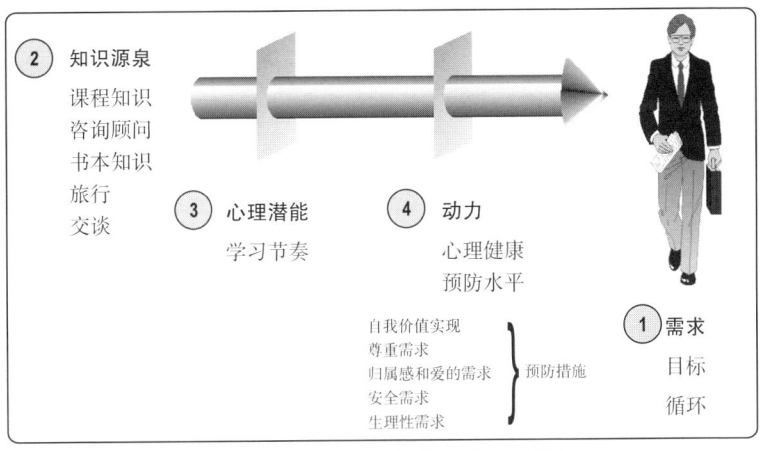

图10-3　一个组织中学习过程的模型

图 10-3 以一个虚拟的管道图样的模型呈现了知识从源头被人类汲取利用的整个学习过程。学习过程中的积极因素显示在此"管道"上。第一个因素是触发点，即目标或职位的改变或循环。这个因素造成一个人对自己原有学习努力的不满足。第二个因素是可用的知识来源。在公司中负责解决问题的人员应该具有不同形式的知识。第三个因素是精神潜能，这将确定一个人为达成目标或解决问题所需的学习的速度（这相当于知识流经"管道"的速度）。这个因素取决于公司在招聘和评估合适人选方面的工作能力。第四个因素是动机（或心理健康）。在这个过程中，这个因素相当于一个阀门：如果它是紧闭不通的，那么无论精神潜能多大，没有知识流入，目标也无法实现。

通过了解图 10-1 和图 10-3，读者也将了解创建"学习型组织"的人为因素和方法。

除此之外，如果我们能成功地赋予人们解决问题所需要的学习能力，我们将赋予这个组织真正的竞争力，使之成为一个优秀的、世界一流的组织。

作为图 10-1 和图 10-3 的总结，图 10-4 显示，一家公司首先要充分利用公司内部已经存在的，以及在头脑风暴会议的碰撞中充分展现的知识，帮助其实现公司业绩。在这个阶段的最后，聘请专业咨询顾问以及邀请公司外部的人员来进行培训，从而获取一些外部知识。这个阶段更容易促成目标的顺利实现。在接下来

第十章 管理组织中的知识获取

的发展阶段，当公司希望具备更强的竞争力时，它必须包含目前不具备，但可以通过分析，包括研究与开发（不一定在实验室中完成）来逐步形成的新知识。这是最困难的阶段，需要公司和员工的不懈努力，但同时也为员工的专业发展，以及公司取得非凡的成果提供了宝贵的机会。

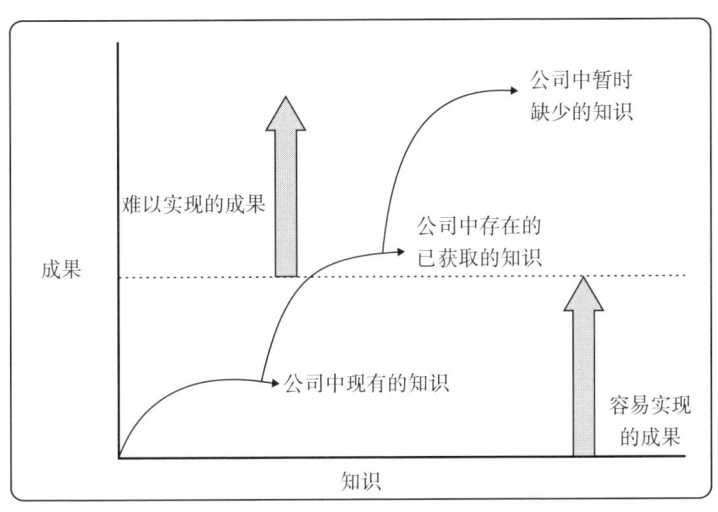

图 10-4　公司获取知识阶段的模型

知识管理

一个通过其所有员工的努力不断地追求更佳业绩的公司，最终也会创造与积累大量的知识，这些知识必须加以妥善管理以确保其得到最佳的利用。在组织中实践所得的知识和这个组织取得

的成果之间有直接的联系。这类知识可以通过以下方式获取：

（1）规划阶段信息分析与合成的不断实践。

（2）在分析过程中，充分利用公司内外已有的技术知识来实现目标。

（3）现存最佳实践方法的复制应用。

汉森等人对如何在不同的公司中管理这些知识进行了研究，并且确定了两种知识管理方法：编纂和个性化。采用哪一种方法取决于用基于已有知识储备而开展的活动的类型。

当知识可以很轻松地被标准化，并能转化成可重复使用的手册、数据库或软件时，编纂就是一种非常适用的策略。正如野中和竹内提出的，这是一种显性的知识，即这些知识可以被提取出来，独立于知识掌握者，并且很容易被用于不同的用途。在难以使知识明确呈现时，就要使用个性化策略。这个策略取决于知识掌握者对另一个人进行的知识传授。根据野中和竹内的理论，在这种情况下，就会有很多隐性的知识。

最后，应该说，这两个策略可以一起使用，前提是这是有意识的行为。但是，根据业务类型，其中之一将以80/20的比例占据优势。

简而言之，当公司主营市场标准化、成熟的产品并基于显性知识运作时，可能会采用编纂策略。当公司主营定制化的产品，进行大量的创新，并基于隐性知识进行操作时，可能会采用个性化策略。

结　语

除了附录中的技术内容外，这是本书的最后一部分。此刻，我不禁扪心自问：我想让我的读者收获什么？我想让我的读者把什么转化成实际行动？

以下就是我的答案：

1. 管理一家公司或其一部分是为了取得更好的成果，不断改进，不断提出挑战，并能够与时俱进。变化是一种常态，目标和方法是变革的工具。

2. 努力把公司的重点放在利益相关者的利益上，尤其是财务上。

3. 专注于利益相关者的最佳方法是进行职能管理，这是很难实现的，需要对系统概念有一定的了解。

4. 努力开发你的系统思维，了解系统工程、系统开发和功能部署（特别是质量功能部署，简称QFD）的基础知识。

5. 企业体系有三个层次：组织、流程和操作。每个层次都有

它自己的目标、项目和管理（方法）。

6. 不要忽视每一个层次的连续重新设计。

7. 作为一个领导者，表现出色的关键是取得骄人的成果，而这只有通过知识才能实现。领导者依赖于人。请用心打造你的"领导力内容"。

8. 知识只有通过充分理解才能获得。懂得如何提出一个想法是至关重要的。

9. 知识的三个来源：最佳实践、信息和人。

10. 操作越一致（合理良好的日常管理），在公司中以一致的奋斗目标吸收知识的可能性越大。

11. 信息中所包含的知识只能通过系统分析和综合的实践获得。

12. 计算机科学正在改变世界上的一切。它已经极大地改变了管理。请重视你的数据库及其在生成知识方面的充分利用。

13. 人们掌握知识有许多方式：课堂、书籍、会议、咨询顾问等。请让你的组织保持对外部知识的开放态度吧！

14. 由于知识总是能被人们所掌握，所以，你团队的动力有多大，创造奇迹的可能性就有多大。同样，把合适的人放在合适的地方（任人唯贤）也至关重要，因此，努力培育优秀和卓越的文化吧！

15. 永远不要想当然地认为，我们所设想的行动计划将会自动被执行。去检查检查吧，其实我们所有人都是拖延症患者。

结 语

16. 在分析、合成、学习和沟通的过程中，模型的使用非常重要。在一个组织中，模型也是极为重要的。

17. 最后，我希望你能反思这样一个事实：无论我们是否愿意，你的组织都是一所学校。学校越好，达成的结果就越好。

一个公司就是一个充满无限可能的世界。当今存在大量的领先于实践的知识，哪怕是在最优秀的公司，也是该公司实践知识所不能及的。尽管我们希望尽最大努力去开发一个公司中人员的潜力，并尽快应用所有这些知识，但技术世界的发展速度比这快得多。面对这些知识，即使是大学在更新课程的过程中也遇到了困难。总是会有无限的空间让公司取得进步。

我记得当我 7 岁或 8 岁的时候，住在尼泰罗伊，一天午饭后，我去朋友罗伯托家玩。因为他们正在重建自己的家园，那儿有一个沙堆。我们决定在沙堆顶部建造一座美丽的城市，有街道、桥梁、房屋等。到了大约下午 6 点，罗伯托跟我说："大头（这是我的昵称，因为我的头比较大），我们已经完成这个城市了！"我感到莫名的悲伤和沮丧，以至于直到今天我还记得所有的细节。我觉得很空虚，那种感觉难以解释。我生平第一次感受到完成建筑的过程和行动其实是最美妙的。我们必须一直在"建设"，在创造。当一个人完成建筑时，就会产生一种无法言表的悲伤感。

如果一个公司永远不会发生这样的事,当然是一件好事。建立一个伟大的公司是没有止境的,所带来的喜悦感也是无穷无尽的。我与好朋友一起在沙堆上建造城市时所感受到的那种深深的喜悦感,就是我对所有人的希望!

附 录
目标模型

> 脑力工作（分析）的本质是目标模型的创建，从而实现从模型中汲取知识。
>
> ——罗伯特·克拉克

模型的类别

附录旨在让读者了解现有模型的数量几乎是无限的（我最近购买了哈里斯的作品，其中描述了数千种类型的模型，这些模型被用作分析、管理和沟通的可视化工具）。显然，它并没有详尽无遗地论述这个问题，读者可以参考现有的文献。

如第五章所说，模型是一种用来帮助理解复杂情况的心理建构。

模型用于分析和合成,以改善规划条件,减少决策的不确定性。

一个模型是一个结构、一个计划、一种表现形式(特别是在一个微型格式中),或是用于显示一种主要对象、一个功能、一个系统或一个概念的描述。模型是一个复制品或一个想法、一个对象或一个系统的表现形式。模型是系统行为的近似描述。图 A-1 显示了模型的层次结构。

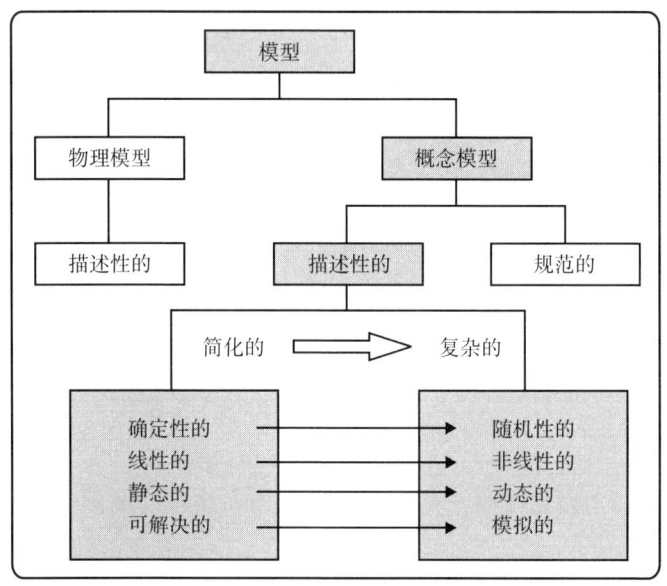

图 A-1　克拉克的模型层次结构

物理模型是某种物品的一种十分形象的直观表达。如图 A-2 所示,地图或地球仪就是地球部分的一种形象的直观表达。在教学、演示、设计测试或推广中使用的实物模型是一种形象的结构模型（例如一架飞机的模型、一幢建筑的模型、一辆汽车的模型）。

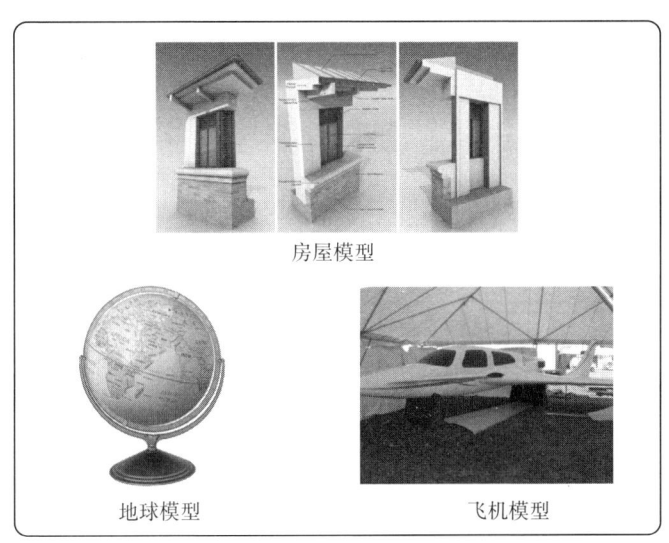

图 A-2　物理模型的实例

概念模型，如名称所示，是描绘了一个概念，一个精神构建。它是无形的，是想象的产物（虽然代表的事物可能是有形的）。数学模型、图表、树形图、关系图、矩阵、流程图等都是概念模型。这种类型的模型让分析人员以一种抽象的方式来描述对象或情境，不仅能够显示系统的当前状态，而且可以用于预测。图 A-3 展示了这种类型的一些示例。

一个规范的概念模型旨在指出系统的最佳情况，并帮助决策的制定，即它是用于建议最佳选项或如何去选择最佳选项的一种模型。这些模型在某些应用中非常适用。例如：当一个销售员进入销售点（POS）时，他无法记住和处理一些信息，如销售点的信用额度、所有者的姓名、最畅销的产品等信息。这时他打开他的个人数字助理（PDA），规范概念模型将为他提供这些信息，甚至建议销售哪种产品、可能的折扣、新产品等。销售员不需要思考，通过这个模型，一个高素质的分析师团队将为他 24 小时服务，风雨无阻，坚持不懈！

在目前的情况下，这种类型的模型也在过程的自动化中使用，以保持其运行状况始终处于最佳状态，正如在无数的其他应用中一样。由于系统已经被描述、分析和优化，所以规范的概念模型对分析人员来说并没有太大的兴趣。

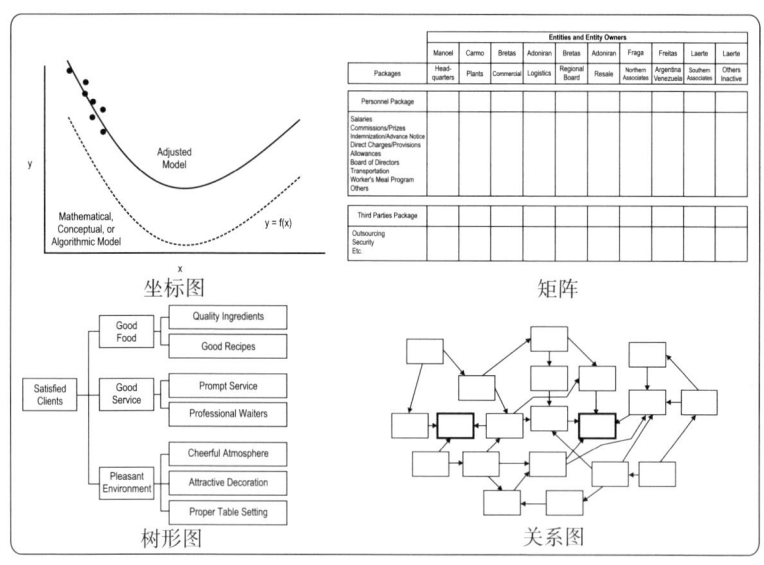

图 A-3　概念模型的示例

附 录 目标模型

对分析人员来说,最感兴趣的模型是描述性概念模型,它试图从功能、结构或过程的角度来描述系统的行为。这些模型有许多类型,在此都有描述。图 A-1 中灰色背景上列出的模型是分析师最感兴趣的模型。

一个确定性描述性概念模型显示已知的、明确指定的关系。它不显示不确定性的关系,这是随机模型的特征。如图 A-4 所示,设备的详细介绍或带有明确尺寸规格的平面图都是确定的。

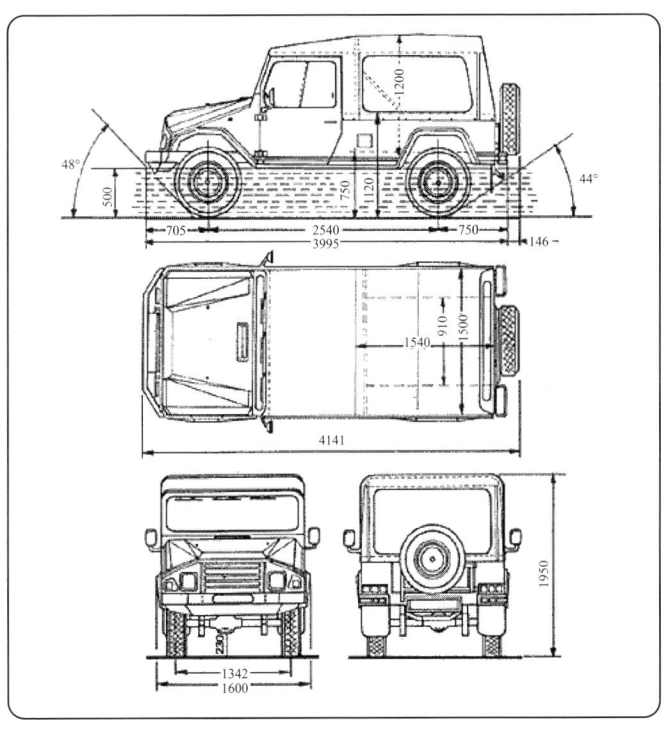

图 A-4 确定性的描述性概念模型

随机描述性概念模型，虽然易受确定性属性的影响，但显示出不确定性，这些因素包括概率。例如，钢炉中的质量平衡模型是一个具有确定性特性的模型，因为在熔炉内没有任何新物质产生或原物质丢失，而是全部被转化（铁原子数量在进入熔炉时和离开熔炉时是相同的）。但是我们知道原材料的化学成分各不相同，实验室的分析过程也存在不确定性，这使得描述性概念模型成为一种随机的概念模型。数字在一定范围内是变化的。

描述性概念模型可以是线性的，也可以是非线性的。线性模型仅使用线性关系（例如，$y = a + bx$）来描述其中的关系，现实生活中，有些真实的情况可能不是线性的，但可以用线性关系来描述。食品生产线是一个线性时间函数。非线性模型更是难以使用与操作，而且有些时候分析这些模型存在很大难度（大多数复杂系统是非线性的）。实践表明，很多时候为了能够使用线性模型，也不得不做出一些妥协。对一个国家经济的描述实际上是非线性的，但是通常都会使用线性模型来表示。

描述性概念模型可以是静态的，也可以是动态的。例如，我们可以在不考虑时间因素的前提下分析一个流程，在这种情况下，它就是一个静态模型。在这种情况下，时间变化被忽略了（就像分析照片一样）。动态模型考虑了流程随时间的变化而变化，以及时间 1 和时间 2 之间发生变化所带来的影响。流程模型通常是动态的，因为材料的流动、时间的流逝和反馈（指标如何变化）都需考虑进来。例如流程的动态分析，将材料的实际流动情况与理想的流动情况（就像没有任何约束存在一样）相比较，就会导致输出结果的偏差，然而这是可以通过优良的管理来克服的，这一点已经在前文中介绍了。这是"精益管理"的基础。今天所谓的"精益管理"，好像是一种不同的管理方法，其实它只是一种通常的管理方法而已，只不过是在确定差距和建立目标时使用了流程的动态分析法。

最后，描述性概念模型可以是可解的，也可以是模拟的。一个可解的模型指明了找到答案所需要的分析方法。然而，如果一个复杂的问题不能在一组方程的基础上解决，那么就要使用模拟模型。可解模型可以使我们确定最优解。模拟模型需要引入可能的解决方案，并且对于每个解决方案，模型都会显示结果。在此基础上，用户可以选择他最喜欢的解决方案。

在许多情况下，模拟模型是一种非常强大的工具，因为模拟模型允许我们跳出实际的工作环境去评估系统的性能，这在现实的系统中是非常困难的，通常也是非常危险和昂贵的。

模型的组合

根据收集的或已知的信息，一般模型可能要求对某些部分进行更精确的详细描述，或者为了探索同一目标的另一个模型，以进一步探讨这个问题。因此，如图 A-5 所示，就会有相应的模型、子模型和附属模型。

图 A-6 展示了一个犯罪镇压过程的宏观流程图。该模型说明了压制过程是如何进行的，显示了瓶颈和其他可能性。这是一个通用模型。在收集了该模型的信息之后，可能需要更好地了解瓶颈（监狱系统），因此分析人员需要收集有关该部分流程图的更多信息，并草拟一个子模型，如图 A-7 所示。子模型提供了模型的一部分的详细介绍，以更好地实现目标。

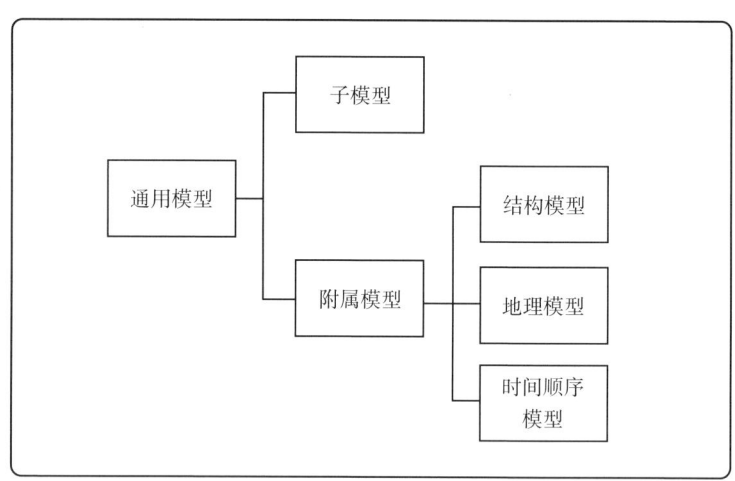

图 A-5　模型的示意图

附 录 目标模型

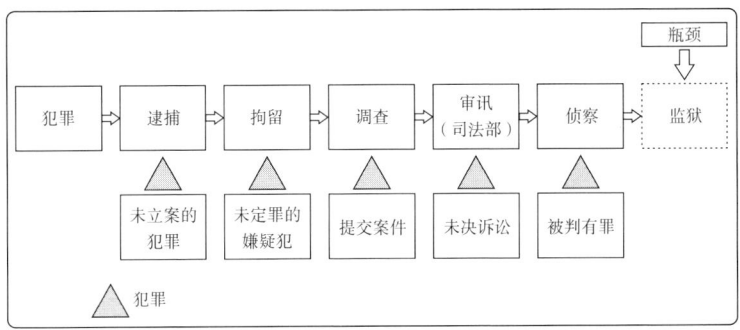

图 A-6 国家犯罪压制系统模型（一般模型）

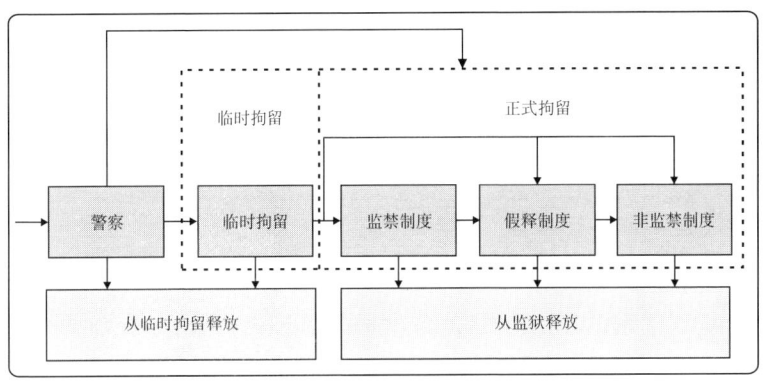

图 A-7 犯罪镇压系统的子模型，更详细地展示了监狱系统

在分析过程中，需要从不同的角度来看待整个目标或部分目标。用于此目的的模型称为附属（辅助）模型。例如，让我们假设一个人需要更好地了解图 A-6 所示的犯罪压制系统是如何组织的，在这种情况下，可以使用如图 A-8 所示的代表组织的模型，它被称为组织架构型附属模型。

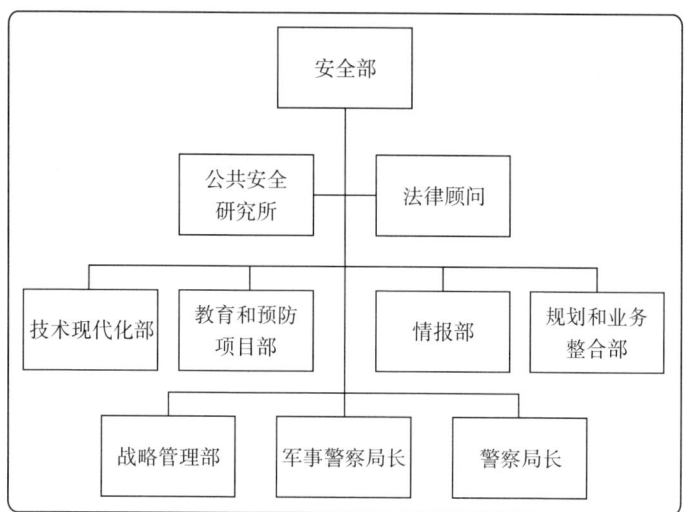

图 A-8　国家犯罪镇压系统的组织架构附属模型

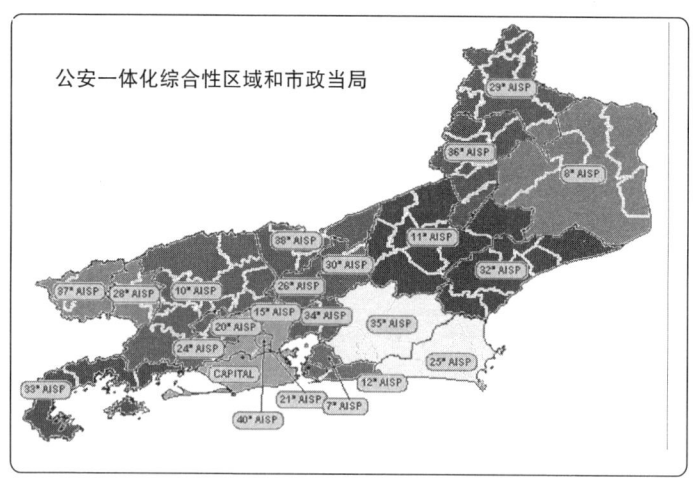

图 A-9　犯罪镇压系统的地理附属模型

附 录 目标模型

附属模型也可以是地理上的，以显示对一个问题分析的地理分布。分析人员在研究分析某个问题时，发现这个地理分布还很有趣，并有助于问题的分析与解决。地理附属模型被广泛用于分析一种分布情况。图 A-9 显示了这种模型。

附属模型也可以是按时间顺序进行的，用于分析时间因素产生的影响，例如，如图 A-10 所示，当需要解决的问题是"给一个犯罪者定罪需要多长时间"时，就会用到这种模型。

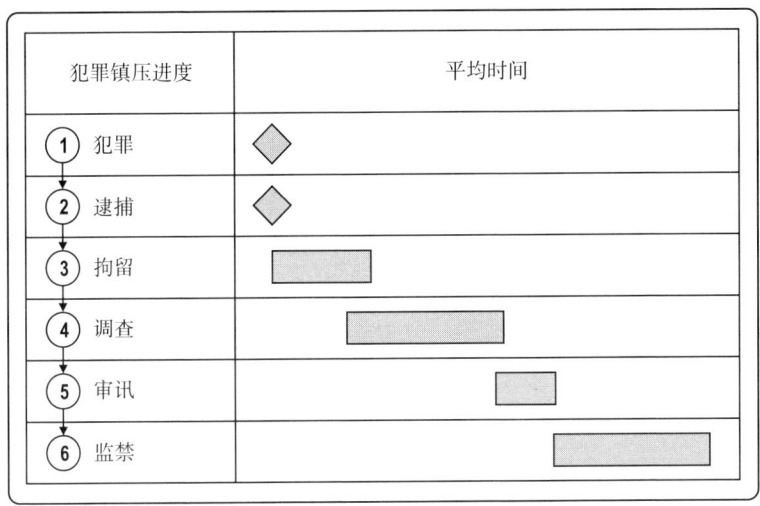

图 A-10 犯罪镇压系统按时间顺序发展的模型

请注意，图 A-8 和图 A-9 可用于系统的结构分析，而图 A-10 可用于问题的过程分析和功能分析（镇压系统的职能之一就是在规定的时间内实现最终明确的监禁）。

在实践中，不同的目标模型会同时应用于获取知识和提升理

解的互动过程中。在分析中,模型通常是概念性和描述性的,如图 A–1 中的灰色区域所示。在这些模型中,最容易使用的是确定性的、线性的、静态的和可解的模型或它们的组合。不过,在绝大多数情况下,用于分析组织的目标模型往往是随机的、非线性的、动态的和模拟的。

复杂目标的模型应该是一组模型,用于阐明系统的行为,以及参与问题解决方案的不同人员之间的沟通,或者哪些人需要知道问题是如何解决的。

分析中使用的模型类型

在前面的章节中,介绍了一些通用的模型。各种各样的模型用于各种各样的目的。图 A–11 显示了对这些模型的尝试性分类,当然,这并非十分详尽的分类。考虑到一些模型在实践中的广泛应用及受欢迎程度,我们将重点介绍这些模型。

列表

列表是最简单的模型,例如,在一个给定的"优点"和"缺点"列表中去选择。它们也适用于逐条比较两种正在考虑购买的产品的性能。这种模型广泛应用于各种用途,包括商业用途。

附　录　目标模型

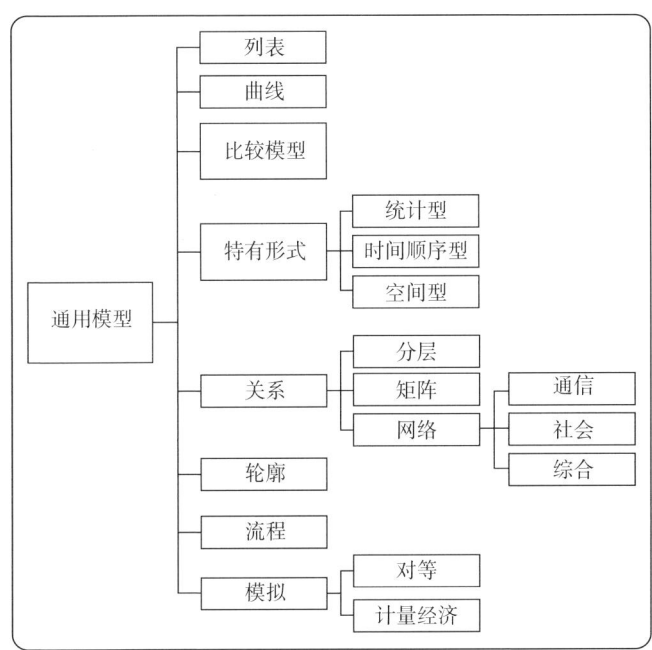

图 A-11　模型关系总图

曲线

曲线可能是最常用的模型，用于分析给定变量随时间的变化与另一个变量之间关系的变化。

当你分析一个变量随时间的推移如何变化时，在某些情况下，你其实已经预判到了曲线的形状，这有助于你进行预测。例如，如图 A-12 所示，人们可以清楚地看到，世界石油储备量的曲线形状，即产量将上升直到顶峰，然后将下降，直到储备耗尽为止。

而对于一个永久有限的资源，如可耕地资源，在这种情形下，可以预计这条曲线将上升到一定的限度，并保持在这个水平，因为没有更多的可用土地了。

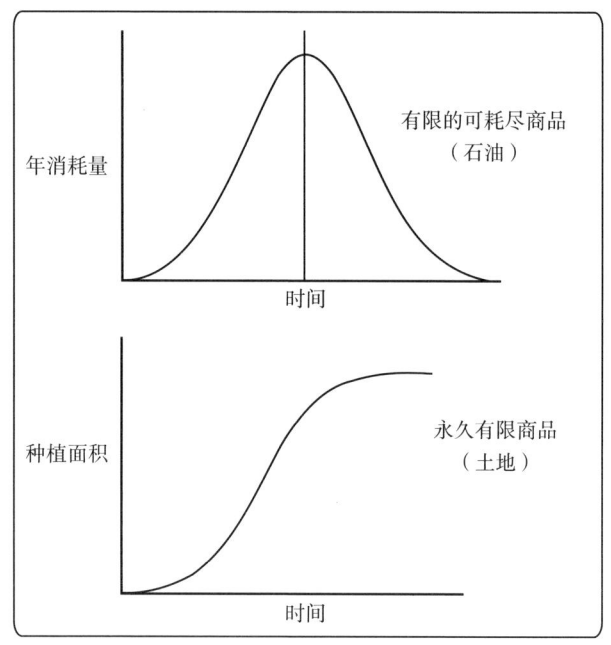

图 A-12　商品利用的曲线概念模型

有时，代表一种无形现象的曲线的已知理论形状与实际数据不完全一致。在这种情况下，理论形状的知识（图 A-13 中的虚线）有助于分析师将理论曲线调整到收集的实际数据，从而获得一种较好的表示该现象的新曲线。这种调整后的线性模型（实线）可以使分析师在收集的数据通用范围之外预测目标。由问号表示的区域是一个未知的行为区域,但可以由模型来预测。

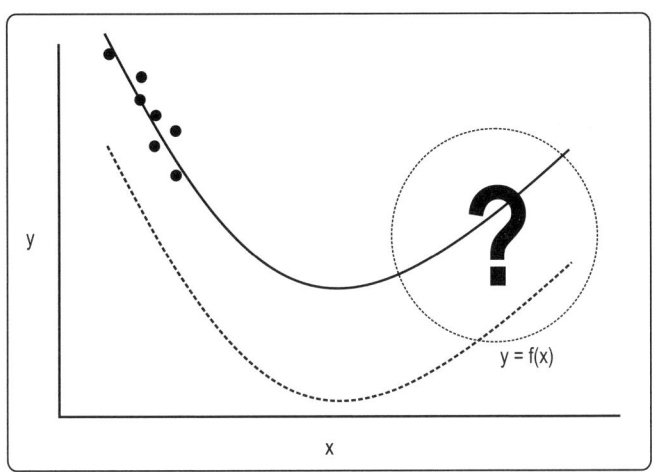

图 A-13　显示理论模型(虚线)和调整后的模型(实线)曲线

比较模型

比较模型被广泛使用,因为识别差距是建立目标的第一步,这是管理过程的起点。

这些比较模型被政府和公司广泛用于比较绩效、操作实践、产品、技术等。使用这些模型进行比较的过程被称为标杆学习。

比较过程中存在一些与之相关的问题。我经常遇到想要采用"最佳实践"的问题。例如,一些公司看到丰田公司的精益管理是一个很好的例子,于是决定采用"精益管理",实际上他们并没有意识到该公司使用此方法的基础是什么,特别是在教育、知识水

平和人员纪律方面。我看到有些公司在他们的卡车上印有鲜明的口号，这只是从表面上模仿丰田，而不是深入地模仿。当然，这并不意味着不能采用最佳做法，但你必须知道你打算推行新做法的地方是否已经准备就绪。一般来说，良好做法在生产层面上更容易被采用（在操作中），在流程层面的推行较为困难，而在整个组织层面推行，则是最困难的。

另外，使用比较模型一定要重视必须做的事情。我们必须始终确定，可以比较同一个集群的项目，并优先进行与指标的比较。

特有形式模型

特有形式模型显示目标元素的特性，表明：

（1）特性是否代表与已知或预期的存在偏差。

（2）这些变化是否足够重要，值得注意。

计算机已经大大改变了基于这些模型的分析。现有软件可以在短时间内显示趋势，并允许分析人员识别它们。这种类型的多变量分析是在大型数据库上进行的，这是不可能手动完成的。

目前有三种特有形式的模型：统计型、时间顺序型和空间型。大多数特有形式模型是统计型的。柱状图就是一个例子。今天有一种软件可以将数据库中的数据根据其特征分离成不同的集群，从而帮助分析人员将与需要解决的问题相关的信息识别出来。

时间顺序模型有助于随着时间的推移分析信息的变化（参见

图 A-10），并且能对不同年份的数据进行比较，以检查变化并预测未来。

空间特征的模型探索与位置有关的变化。

根据在某个位置获取的信息的分布情况，可以识别趋势和特征。图 A-14 是这种类型的模型，它模拟了巴西贝洛奥里藏特市中心地区犯罪事件的高发区。

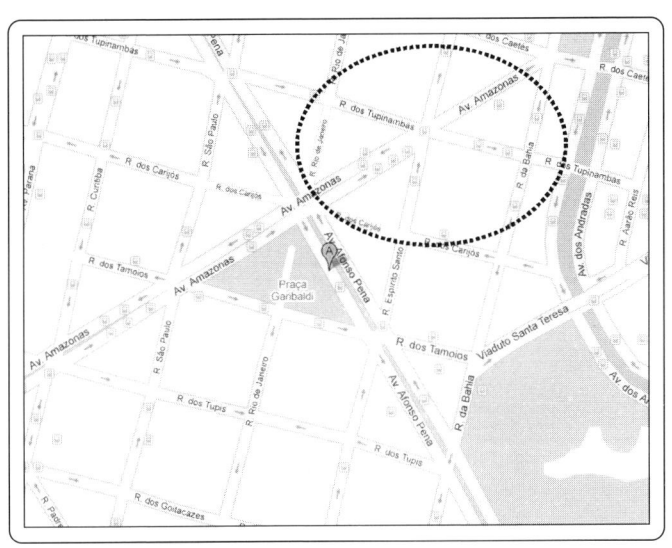

图 A-14　空间特征形式模型

关系模型

关系模型很难创建（因为它们需要收集大量的信息来进行确认），但是结果的说服力非常强大。

这些模型是最常用的分析和合成的模型。他们帮助研究组织、人员、地点、事务和事件之间的关系。这些模型有三个层次：

（1）分层关系模型，其中最简单的是一个树形图。

（2）矩阵关系模型，显示了同一层次上一个或多个树形图的交叉。

（3）网络关系模型，显示了各种层次的各种树形图的交叉。

分层关系模型（树形图）：这是分析中最常用的模型之一。其主要功能是将一个重大问题分解为具体问题，例如，将组织分解为不同的部门，将大型设备分解为各个零部件。图 A–15 展示了树形图构建的开始，它必须满足两个要求：MECE 和因果关系。

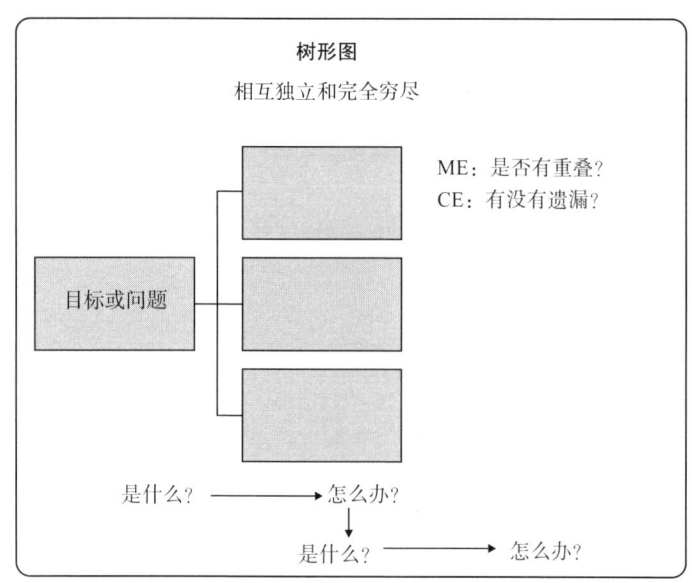

图 A–15　构建树形图的条件

附 录 目标模型

MECE 即相互独立和完全穷尽，是麦肯锡咨询公司思维过程的一条基本准则。原则很简单：在构建树形图的每个步骤中，必须提出两个问题，以确保没有重叠，没有遗漏。这两个问题如图 A–15 所示。另一个条件是确定因果关系，如图所示，在每个细分步骤都要问两个问题："是什么？""怎么办？"图 8–3 和图 6–5 是满足这些条件的另外两个例子。

树形图可用于其他用途，如决策制定（逻辑树）和缺陷分析。

矩阵关系模型：即矩阵图，如图 A–16 所示，显示了两个树形图之间的相互作用。为了分析两个结构之间的定性或定量相互作用，这种相互作用矩阵图是理想的。例如，如果我们希望分析与组织结构相关的成本结构（以确定组织内的成本变化），我们就可以利用成本矩阵进行分析，对其他类型的分析，我们也可以这么做。矩阵是一种非常强大的分析和沟通工具。

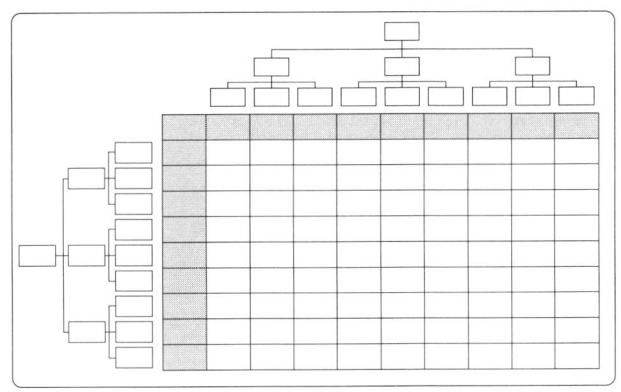

图 A–16 矩阵关系模型（矩阵图）

网络关系模型：当需要表示超过两组以上的信息时，树形图和矩阵图都有局限性。为了表示两组以上的信息，网络关系模型就应运而生。该模型可分为三种类型：通信关系（工程和通信人员用于预测通信网络的性能）；社会关系（显示人与人之间的关系类型，常被安全部门大量使用）；综合关系，最常用于分析和建立任何形式的实体（人物、地点、事物、概念）之间的关系。我们只看后者，如图 A–17 所示，以关系图的形式展现出来。文中很好地阐述了构建该图的方法。

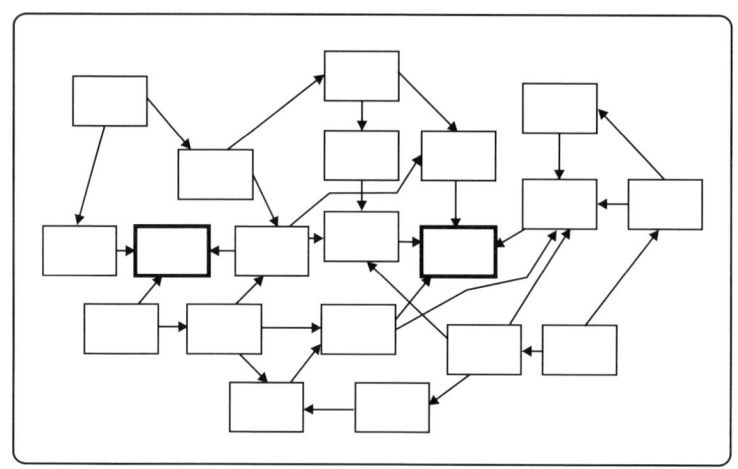

图 A–17　网络关系模型

个人简介

个人简介是一个人的展示模型。个人资料的目标是帮助预测

附 录 目标模型

一个人在特定情况下会有怎样的行为。一个人的人格模型至少包括以下元素:

(1) 自我认知。
(2) 与权威的关系。
(3) 冲动的控制和情绪的表达。
(4) 理念的形成和处理过程。

过程

过程方法用于表示一个项目生产中的附加值的序列。由于系统是由结构、过程和功能组成的,所以过程模型和结构模型是日常分析中使用的最重要的模型,这个模型已经在前文中详细介绍过了。

模拟

在巴西,当有人说一个问题是"对等的"时,意味着这个问题已经得到处理,并且"几乎解决了"。这是真的。任何分析师的梦想都是"对等地解决"一个难题(或者以方程式的形式设定目标),这不仅是因为他们已经准备好了解决方案,还因为在方程式的帮助下可以探索其他情况。

模拟模型是对可能决定系统行为的数学描述。模拟模型中的方程式不能同时被解决。在确定性和随机性的情况下都可以使用模拟模型。电子表格是一个确定性的模型。对于随机情况,蒙特卡罗模拟模型被广泛应用。在这种情况下的挑战是为自变量选择正确的不确定性,从而通过模拟模型建立因变量分布曲线。

分析和综合过程的总结

图 A-18 显示了一个模型,它旨在阐明分析和合成过程,这个过程有助于获取更好的知识,并有助于获取技术知识以实现目标。在图 A-18 中,从一个实际的问题出发,通常是一个复杂的情况,

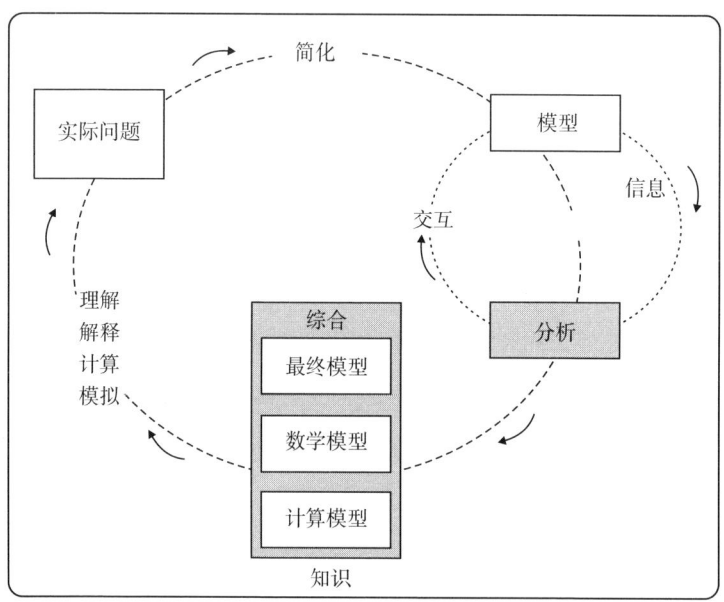

图 A-18 基于模型的分析和合成过程模型

为了将这种复杂的情况形象化，或创造一个思维模式，从而创建了模型。将这些模型作为基础，可以通过交互过程使用信息来构建目标的知识，因为新的信息可以帮助我们创建其他模型来加深我们对目标的了解，并在数学或仿真模型的帮助下最终掌握它。一旦建立了最终模型、数学模型或计算模型，就可以理解、解释、计算或模拟目标。这样问题就已经解决了。

图 A-18 所示的分析包含了已经提到的所有不同类型的分析：现象分析（功能分析、垂直和水平结构分析）和过程分析，这有助于对目标的透彻了解。模型就是帮助分析、理解和沟通过程的心理构建。

致 谢

我要感谢所有帮助我完成本书的人。既包括那些促使我成长的人——我在本书中提出的思想得益于与他们的交往经历,也包括在编辑、排版、销售和运输等环节为本书的出版做出贡献的工作人员。

特别要感谢的是:

安娜·克里斯蒂娜·维埃拉·贝伦(六西格玛管理黑带大师[①]、统计专家、方法专家),任职于河谷公司。安娜十分可亲可敬,投入了大量精力修订本书初稿,协助我对第六章进行了大幅修改,并在撰写本书的初期即给予我信心,使我对本书思想的正确性有充分的信念。

感谢在法尔科尼咨询公司的朋友和同伴们提供修改意见与技术支持:阿罗伊西奥·A.佩绍托·德·卡瓦略(组织、流程及工作

[①] 六西格玛是一种改善企业质量流程管理的技术,黑带大师是六西格玛管理专家的最高级别。——译者注

分析领域的专家）；卡洛斯·阿尔伯特·斯卡平（系统工程专家）；玛西亚·戴瑞尔·法瑞娜·罗德里格斯（六西格玛管理黑带大师、统计学专家、方法专家）；塞尔吉奥·荷努里奥·德·弗雷塔斯（组织与流程项目专家）。

我还要感谢我的企业家朋友、高管朋友以及专家朋友们。他们在忙于自身工作之余，仍为我提供了极大的帮助：提醒我专注于关键素材，修改部分内容，以使本书独具特色，有别于其他同类书籍。由于这些朋友的帮助，本书经历了一场大手术，内容上有了显著的改进。我的这些朋友包括：安东尼奥·马歇尔·内托，金鱼浆纸集团首席执行官；卡洛斯·阿尔伯特·斯库庇拉，百威英博董事；卡洛斯·布里托，百威英博首席执行官；卡罗来纳·桑切斯·达·科斯塔，任职于圣保罗教育与研究学院；埃德森·布埃诺，阿米尔公司董事；爱德华多·巴尔托洛梅奥，河谷公司总监；费尔森·兰布尔略，任职于 GP 投行；吉尔伯托·托马佐尼，萨迪亚公司首席执行官；乔治·盖尔道·约翰彼得，盖尔道集团董事；居安·M.维加拉，任职于加利西亚投行；马里奥·隆吉，盖尔道美国钢铁公司首席执行官；佩德鲁·莫雷拉·萨勒，巴西伊塔乌联合银行董事；以及罗伯特·麦克斯·曼格尔斯，曼格尔斯工业首席执行官。

以上诸位修订者所做出的贡献是能够量化的。本书的葡萄牙语手稿原本为 10 章共 100 页。而修改后的终稿为 126 页，修订者在数量上贡献了 26% 的内容。然而其贡献更多地还体现在质量方面,包括对文稿纠错、提供数据和对重要论点的阐述。甚至连封面也是由这些人投票选出来的。这本书并不属于我个人,而是由大家共同完成的。

我谨代表自己以及本书的读者,对以上提到的协助者们表示感谢。他们在百忙之中抽出了宝贵的时间,投入诸多精力细读本书手稿,为本书提出了极为有价值的意见。

维森特·法尔科尼
2009 年 7 月 30 日于巴西贝洛奥里藏特